KB190886

이방인의 염려

Hedningenes Bekymringer

Christelige Taler

af

S. KIERKEGAARD

Kjøbenhavn

Forlagt af Universitetsboghandler C.A. Reitzel

Trykt hos Kgl. Hofbogtrykker Bianco Luno

1848

이방인의 염려

쇠렌 키르케고르 지음
이창우 옮김

카리스
아카데미

이방인의 염려

2021년 3월 15일 초판 1쇄 발행
2022년 12월 2일 개정판 1쇄 발행

지은이 | 쇠렌 키르케고르
옮긴이 | 이창우

발행인 | 이창우
기획편집 | 이창우
디자인 | 이형민

펴낸곳 | 도서출판 카리스 아카데미
주소 | 세종시 대평로 56 515동 1902호
전화 | 대표 (044)868-3551
편집부 | 010-4436-1404
팩스 | (044)868-3551
이메일 | truththeway@naver.com

출판등록 | 2019년 12월 31일 제 569-2019-000052호

값 15,000원

ISBN 979-11-92348-01-8(세트)
ISBN 979-11-92348-11-7

2021년 3월 처음으로 키르케고르의 『이방인의 염려』를 출간한 이후로, 국내 최초로 《기독교 강화》 4부 전체 번역 및 출판을 완료하게 되었습니다. 그 이후 『이방인의 염려』 1쇄가 전부 판매되어 개정판으로 책을 내놓습니다. 개정판은 일부 독자들의 의견을 반영하여 본문을 전부 경어체로 바꾸었으며, 키르케고르의 강화 전체를 "기독교 강화" 시리즈로 만들어 출판하게 되었습니다.

 점점 더 어려워지는 기독교 출판 환경에서 키르케고르의 작품을 출판할 수 있도록 기도와 물질로 후원해 주신 모든 분들과 책을 찾고 읽어주신 독자분들께 진심으로 감사드립니다. 키르케고르의 전체 작품 번역과 출판을 완료하는 그 날까지 이 사명을 완수할 수 있도록 계속해서 많은 관심 부탁드립니다.

역자 이창우

Contents

|일러두기|

- 본문 안에 포함된 성경 구절은 키르케고르가 인용했던 성경구절이고 미주에 포함된 성경 구절은 연구 자료로 제공한 것이다.
- 번역대본으로는 Søren Kierkegaard, *Christian Discourses*, tr. Howard V. Hong and Edna H. Hong, Princeton: Princeton University Press, 1997 과 *Spiritual Writings*, tr. George Pattison, New York: HarperCollins Publishers, 2010을 번역하면서, 덴마크의 키르케고르 연구소에서 제공하는 덴마크어 원문과 주석을 참고하였다.
- 만연체의 문장을 단문으로 바꾸었고, 분명하지 않은 지시대명사를 구체적으로 표현했고, 독자들의 이해를 돕기 위해 문장을 추가한 곳도 있다. 가능하면 쉬운 어휘를 선택했다는 점을 밝힌다. 중요 단어는 영어와 덴마크어를 병기하여 의미를 명확히 하고자 했다.

키르케고르의 〈이방인의 염려〉는 자신이 신자라고 착각하고 있는 기독교 문화에 젖어있는 자들을 향한 폭탄입니다. 믿는 척하는 신자들의 위선과 허위를 당혹스러울 정도로 드러냅니다. 하나님 앞에서는 그 어떤 연기와 꾸밈도 소용이 없다는 것을 분명히 하는 것이지요. 결국, 하나님 앞에서 신자가 어떤 삶의 자세로 살아야 하는지를 분명하게 보여주는 책입니다. 이 책을 통해, 너무나 세상을 닮아버린 교회와 우리 자신의 모습을 발견하고 충격을 넘어 회개의 역사가 나타나길 소망합니다. 믿어도 시원치가 않고, 믿지 않으려니 불안한 마음을 소유한 분들은 이 책을 꼭 읽어보십시오. 자신의 영혼의 상태를 생생하게 확인하는 결정적인 계기가 되리라 확신합니다.

김관성 목사_낮은담교회 담임목사

이창우목사님의 키르케고르의 강화 '이방인의 염려' 번역서를 접하게 되어 기쁘다. 이 책에서 키르케고르는 이방인을 '기독교 세계 안에 사는 그리스도인'이라고 정의한다. 오늘날로 말하면 '기독교 문화에서 구원받지 못한 종교인'이다. 교회안에 교회 출석이나 종교활동으로 자신이 이미 구원 받았다고 착각하는 종교인이 이방인이다. 성경은 누가복음 15장 '잃은 아들을 되찾은 아버지의 비유'에서의 큰아들과 마태복음 22장 '혼인 잔치의 비유'에서 청함을 받았지만 예복을 입지 않은 사람과 같이 이 책에서의 해석은 그들이 이방인으로 해석 할 수 있는 영감을 얻는다. 이방인들이 가지는 염려는 아니 욕구나 욕망은 새나 백합도 못한 그리스도 안에서 가지지 말아야 할 요소이다. 그렇게 이 책은 독자로 하여금 매슬로우의 욕구 5단계를 찾아가듯, 자신의 상상력과의 싸움 과정에서 내적으로 부터의 염려를, 단계별로 안내를 받을 수가 있다. 이렇듯 키르케고르의 강화 번역서가 더 쉽고 이해력이 깊게, 더 성경을 해석하는 통찰력과 영감을 갖는데 큰 도움을 받게 되어 기대가 되는 책이다. 부디 이 책을 통하여 많은 교회와 그리스도인들이 참다운 그리스도인의 삶이 무엇인지 다시 생각해 보고, 참다운 신앙의 자리로 돌아 가길 기대해 본다.

육근원 목사_글로벌비전채플 담임목사

이 책은 영혼의 해부학으로서 영혼의 의사인 키르케고르가 제시하는 염려에 대한 처방전이자 해독제이다. 키르케고르가 마태복음의 6장에 나오는 '아무것도 염려하지 말라'는 예수님의 말씀을 일곱 번에 걸쳐서 강론한 내용을 실었다.

이 책을 서두르지않고 천천히 묵상하며 읽는 사람은 마음의 건강검진을 받게 되고 마음의 문제를 파악할 뿐 아니라 치유와 회복의 길을 발견하게 될 것이다. 왜냐하면 영혼의 의사인 키르케고르가 우리 마음을 샅샅이 뒤져서 인간의 실존의 핵심인 모든 '염려'들을 진단하고, 가난과 풍요, 비천과 고귀, 교만과 자학, 우유부단과 변덕 등의 염려들에 대한 처방전을 발행하고 해독제를 제공하고 있기 때문이다.

특히 가난의 염려와 풍요의 염려를 다루는 1장과 2장은 자본주의 사회를 살아가는 우리에게 재물에 대한 통찰을 주며, 재물과의 관계를 재정립하여 재물이 가져올 수 있는 재앙을 미연에 막을 수 있도록 우리를 각성시켜준다.

1848년은 키르케고르에게 혁명적인 해이다. 이 시기에 많은 저술을 했을 뿐 아니라, 강렬한 회심을 체험함으로써 그의 저술에도 전환점

을 맞이했기 때문이다. 이 해는 간접적이면서도 철학적인 저술을 접고
서 직접적이고 신앙적인 저술에 몰입하기 시작한 해이다. 철학적 저술
을 키르케고르의 왼손이라고 한다면, 신앙적인 저술은 그의 오른손이
다. 이 강화집을 읽음으로써 장님이 코끼리를 만지듯 편협하게 키르케
고르를 알았던 것에서 벗어나 그의 사상의 진수를 맛보게 된다.

키르케고르는 인간이 되기를 멈추지 말라고 경고한다. 염려는 하나님
을 망각하는 것이며 자기 자신을 잃는 것이다. 하나님이 사랑하는 자기
자신으로 사는 길이 염려를 극복하는 길이다. 고인이 되신 표재명 교
수님이 키르케고르의 강화집을 다수 번역했는데, 키르케고르 신진학
자 이창우 선생님이 키르케고르의 기독교 사상을 재해석하여 오늘날
일반인의 언어로 옷입혀 새롭게 선보였다.

이 책은 길을 잃고 헤메던 사람에게 길을 찾아주고, 삶의 의미에 식상
한 사람으로 하여금 마음의 공명을 일으키며 존재의 변화를 체험케 할
것이다. 염려를 다루는 정신근력을 강화하고자 하는 모든 분들에게 이
책을 강력하게 추천한다.

윤덕영 목사_키르케고르 학회 총무•삼성교회 위임목사

오늘날 철학자들은 물론하고 성서학자들도 관심두지 않는 이 많은 성
경에 대한 키르케고르의 저작들을 오래전부터 외롭게 천착해온 한국
의 학자가 있습니다. 그는 제가 사랑하고 아끼는 이창우 목사입니다.
그가 이번에 번역하여 내놓는 『이방인의 염려』는 키르케고르가 마태
복음 6장 25-34절을 깊이 묵상하여 해석해냄으로써 당시 루터교를
국교로 삼은 덴마크의 기독교세계를 부끄럽게 한 강화집입니다.

이 목사는, 덴마크어를 배우고, 영어와 덴마크어로 키르케고르를 독해
하고 나서 번역하고, 이를 온라인에 게시하고, 종국에는 종이책으로
출판하는 지난한 작업을 수행하고 있습니다. 그는 또한 각 책마다 해
제를 달고 있습니다. 그는 이 모든 작업을 지금까지 10년 넘게 혼자서
합니다.

독자제위께서는 이러한 몇 가지 배경을 염두에 두고 본 번역서를 읽는

다면 하나님의 말씀에 대한 이해가 깊어지는 동시에 그리스도의 제자로서의 자신의 믿음을 점검해보는데 지대한 감동을 받으실 것으로 확신하여 일독만 아니라 숙독을 권합니다.

장동수 교수_전 한국침례신학대학 신약학 교수

성도라면 예수님을 따르는 삶을 살아야 한다. 그러나 이 세상 안에서 성도는 하루하루 혼돈의 삶을 살아가고 있다. 예수님이 가르친 제대로 된 복음을 이해하지 못하기 때문이다. 그래서 예수 제자의 길을 이해하지 못한 질문 '무엇을 먹을까?' '무엇을 마실까?' 이방인의 염려를 성도들도 동시에 매 순간 하고 있는 것이다. 그래서 이런 성도들은 하나님이 통치하시는 "그 나라"를 경험하지 못하고 있다. 진정 하나님나라는 성도에게 날마다 이 땅 안에서부터 근심과 염려가 없이 살아가도록 이끄는 원리다. 키르케고르는 『이방인의 염려』를 통하여 하늘을 나는 새와 들에 핀 백합화의 의미를 설명하면서(마태복음 6장) 성도들에게 이 땅에서부터 하나님나라를 체험할 수 있도록 가르친다. 복음서에 기초한 예수를 따르는 제자의 길에 바로 서고 싶고, 하루하루 성령의 인도를 받아 늘 흥분된 거룩한 길을 걷는 성도(聖道)가 되고 싶다면 키르케고르에게 배우라!

조성배 목사_행복한침례교회 담임목사

이 책은 우리가 그리스도인인지 또는 이방인인지 돌아보게 만들고, 우리의 마음이 어디로 향해야 하는지, 우리의 마음 중심에 누가 차지하고 있어야 하는지 깨닫게 해주는 강화이다. 또한 요즘처럼 맘몬이즘에 빠져 맘몬을 추구하는 시대에 도무지 하나님이 들어오실 틈조차 없는 우리의 마음을 돌이키게 하고 하나님께로 방향을 잡아주는 지침서이다. 이 책이 이창우 목사님을 통해 새롭게 탄생한 것은 우리 모두를 위한 귀한 일이라 여겨진다. 일독을 권한다.

조은식 교수_키르케고르 학회 회장•숭실대 교수

🍃 이방인은 누구인가?

『이방인의 염려』는 그 당시 기독교를 비판한 작품입니다. 그냥 읽는다면 특별히 비판적인 요소를 찾을 수 없습니다. 하지만 시대적 배경을 알고 나면 이해하는 데 조금 더 도움이 될 것입니다. 그 당시에 덴마크는 기독교 국가였습니다. 국가로부터 핍박을 받아야 했던 초대 교회 당시 상황에서 완전히 역전된 것으로, 전체 사회가, 전체 국가가 '기독교화'된 것입니다. 하지만 문제는 기독교 세계에서 이방인의 염려가 발견되었다는 데 있습니다. 그래서 〈프롤로그〉에 보면, "이 나라에서 사람들 사이에 이런 이방인의 염려들이 발견됩니다. 따라서 이 기독교의 나라는 이방인의 나라입니다."라고 말한 것입니다.

그렇다면, 여기에서 이방인은 누구일까요? **이방인은 기독교 세계 밖에 있는 사람이 아니라, "기독교 세계 안에 사는 그리스도인"을 일컫습니다.** 다시 말해, 교회 안에 그리스도인인 것처럼 보이는 이방인이 존재한다는 것입니다. 이 이방인의 특징은 자칭 그리스도인으로 착각하고 있다는 점입니다. 이런 점에서 이 작품은 키르케고르가 그리스도인이라는 착각 속에 빠져 있는 이방인들을 각성시키고자 기획된 것으로 평가해야 할 것입니다.

그렇다면, 이 세계에서 가장 불쌍한 자는 누구인가요? 이 강화에 따르면, **하나님의 나라에 살면서 이방인의 염려를 구하는 자입니다.** 하나님의 말씀을 전혀 모르고 살아가는 저 기독교 밖에 있는 이방인은 그럼에도 불구하고 구원의 가능성이 있는 반면, 기독교 세계에 사는 이방인은 자칭 그리스도인이라고 착각하고 있기 때문에 구원의 가능성으로부터 점점 더 멀어진다는 것입니다. 따라서 키르케고르는 이 사람들을 각성시켜야 했습니다.

그렇다면, 어떻게 각성시킬 수 있습니까? 드디어 가장 어려운 주제에 들어왔습니다. 사실, 사람들의 마음에 갖고 있는 근본적인 신념 혹은 이념을 바꾼다는 것은 결코 쉬운 일이 아닙니다. 오죽하면 세상에서 사람들과 이야기 할 때, 다투지 않기 위해서는 정치 이야기, 종교 이야기 하지 말라고 충고하지 않던가요! 이 부분에 있어서는 정신과 의사도 다룰 수 없고, 심지어는 부모도 불가능합니다. 인간이야 단지 기도하는 것 외에 무엇을 할 수 있을까요? 하지만 키르케고르는 한 가지 방법을 제안합니다. **복음의 명령대로 들의 백합과 공중의 새를 보라는 것입니다.** 각성을 위해 들의 백합과 공중의 새를 보라고? 아마 '쌩뚱'맞은 결론이라 생각할지도 모르겠습니다.

어쨌든 독자들은, 키르케고르에게 있어서 산상수훈 및 이와 관련된 마태복음 6장이 아주 중요한 장이라는 것을 잊어서는 안 됩니다. 특히 들의 백합과 공중의 새와 관련된 마태복음 6장은 인간의 근본적인 실존 문제와 관련이 깊습니다. 나중에 설명하겠지만, 그의 작품 『불안의 개념』과도 관련이 있습니다.

이런 쌩뚱맞은 결론은 한 마디로 말해, 복음 자신이 그런 쌩뚱맞은 결론에 도달하기 때문에 가능합니다. 마태복음의 산상수훈은 일종의 '하나님 나라의 윤리'입니다. 마태복음 5장을 깊이 있게 읽고 있노라면, 아마 이 말씀대로 살 수 있는 사람이 한 명도 없다는 것을 깨닫게 될 것입니다! 율법은 지킬 수도 있습니다. 하지만 복음은 율법보다 더 엄격합니다. 게다가, 5장 마지막 절은 더 충격적입니다.

> **"그러므로 하늘에 계신 너의 아버지의 완전(온전) 하심과 같이 너희도 완전(온전)하라."**

마태복음 5장은 우리가 닮아야 할 모범으로 하나님 아버지를 제시하고 있는 반면, 6장은 새와 백합이 우리의 모범입니다. 그래서 나는 복음이 쌩뚱맞다고 말하는 것입니다. 이런 갑작스런 변화는 무엇을 의미할까요? 하나님 아버지의 완전하심을 본받아야 하는 우리가 들의 백합과 공중의 새를 봐야 할 이유가 있을까요?

이 부분에 대하여는 크게 두 가지로 제시할 수 있습니다. <u>**첫째, 관대함입니다.**</u> 인간이 하나님 아버지의 완전하심을 닮으려면 가랑이가 찢어집니다. 뱁새가 황새를 따라가다가 가랑이가 찢어지는 꼴입니다. 과연 누가 마태복음 5장을 실천할 수 있으며, 하나님 아버지를 닮을 수 있겠습니까!

가끔 사람들은 예수님이 우시는 장면은 성경에 나오는데 왜 웃는 장면은 나오지 않는가라고 불평합니다. 이런 불평은 아마도 말씀의 맥락을 잘 파악하지 못해서 나온 결론입니다. 이것을 생각해 보십시오. 주님은 처음부터 자신이 어떤 죽음을 맞이할지 알고 계셨던 분이셨습니다. 뿐만 아니라, 인간들이 자신을 닮는다는 것이 얼마나 힘들고 고된 일인지도 다 알고 계신 분이었습니다. 이 끔찍한 현장을 조금이라도 상상해 보십시오. 그러면 주님께서 왜 웃지 않는지를 질문할 수 없을 것입니다.

마태복음 5장과 6장의 사이에서 주님께서 다음과 같이 말씀하셨다면 인간은 어떤 생각을 하게 될까요?

"나를 봐. 그리고 철저하게 나를 닮아야 해. 산상수훈에 나오는 모든 것을 다 지켜야 완전해질 수 있거든."

인간은 뱁새가 황새를 따라가다가 가랑이가 찢어지는 꼴이 되어서는 안 됩니다. 주님께서 이것을 아셨습니다. 그래서 이렇게 말씀하십니다.

"나를 보지 말고, 저 들의 백합과 공중의 새를 보렴."

인간이 가랑이가 찢어지지 않도록, 주님은 다른 모범

을 우리에게 주셨습니다. 바로 새와 백합입니다. 이것이 기독교의 관대함입니다. 나는 산상수훈이 인간이 지킬 수 있는 윤리라고 생각하지 않습니다. 그렇다 해도 복음의 일점일획도 건드리거나 바꾸어서는 안 됩니다. 이 부분에 대하여는 다음에 나누겠습니다. 어쨌든, 복음은 우리에게 새와 백합을 모범으로 제시하면서 그만큼 부드러워진 것입니다. 이것이 복음의 관대함입니다.

둘째, 투명성입니다. 키르케고르의 사상에서 중요한 개념 중에 하나가 바로 투명성입니다. 이 단어는 『죽음에 이르는 병』에서 많이 등장하는데, 인간은 오직 하나님 앞에 섰을 때만 투명해질 수 있습니다. 이 부분을 논하기 위해, 다시 서두에 던진 질문으로 돌아가 보겠습니다. 키르케고르는 자칭 그리스도인이라고 착각에 빠진 이방인을 각성시키려 했습니다. 이 과업을 이루기 위해 다시 한 번 들의 백합과 공중의 새를 제시합니다.

도대체 왜 들의 백합과 공중의 새가 있는 곳으로 가야 하는가요? <u>거기에서만, 오직 그곳에서만 자신의 존재가 무엇인지 '투명하게' 드러나기 때문입니다.</u> 이런 투명성의 문제는 이미 1847년 『다양한 정신의 건덕적 강화』 2부의 작품인 "들의 백합과 공중의 새에게서 우리가 무엇을 배우는가?"에서 언급한 바 있습니다. 뿐만 아니라, 『죽음에 이르는 병』 2부에서도 **인간이 오직 '하나님 앞에서' 투명해질 수 있음**을 강조하였습니다.

이런 관점에서 볼 때, 세상은 너무 혼탁합니다. 세상은 하나님이 창조하신 특별한 존재인 '자기 자신'이 되지 못하게 하고 타인과 비교하게 함으로써 혼란에 빠지게 합니다. 자칭 그리스도인이라고 생각하고 있는 이방인을 각성시키기 위해서는 무엇보다 자신의 전(全) 존재가 투명하게 드러나는 곳으로 인도해야 합니다. 바로 이 곳이 들의 백합과 공중의 새가 있는 곳입니다. 이곳은, 인간의 비교의식이 접근할 수 없는 곳입니다. 이곳에서는 인간이 자기 자신을 타인과 비교함으로 혼란에 빠지지 않습니다. **오히려 새와 백합에 비교함으로써 '존재하기'를 진정으로 시작하게 됩니다.**

나는 오늘날 우리 사회가 키르케고르가 말한 이런 경건이, 그 어느 때보다 중요한 시대에 이르렀다고 생각합니다. 우리는 지금 '초 연결시대'에 살고 있습니다. 사람과 사람뿐만 아니라, 사물과 사물, 사물과 사람도 연결하는 시대가 되었습니다. 모든 것을 연결하는 이런 시대에 오직 단한 분, 하나님만은 예외입니다. 사람이 하나님과 함께 하는 것이 아니라 스마트폰과 함께 하는 시대가 되었습니다.

이 시대에 인간의 존재란 무엇인지, 어떻게 살아야 하는지 명쾌하게 제시하기가 더 힘듭니다. 인간은 관계하는 존재라고 규정을 해도 틀린 말은 아니지만, 하나님 앞에서만 나의 전 존재가 드러나는 것이 맞다면, 하나님을 제외한 이런 연결, 이런 교제가 무슨 의미가 있을까요? 아직 존재가 규정되지 않은, **'존재하기'를 시작조차 하지 못한 상태입니다.**

새와 백합은 그저 '존재'할 뿐입니다. 존재하는 것에 어떤 어려움도 없습니다. 새와 백합은 태어나는 순간부터 존재하기를 시작합니다. 시작하기 위한 예비적 단계도 필요 없습니다. 하지만 사람은 어떻습니까? 시작의 어려움이 존재합니다. **존재하기를 시작하는 지점부터 인간은 시험을 받는다는 점에서 새의 존재와 다릅니다.** 이 문제는 '비교'에 있습니다. 가난한 것과 부한 것, 비천한 것과 고귀한 것과 같은 비교 때문에 존재하기가 힘듭니다.

진정한 자기 자신이 되기도 전에 내가 얼마나 비천한지 혹은 고귀한지, 내가 얼마나 부한지 혹은 가난한지를 먼저 배웁니다. 이것이 시작의 어려움입니다. 존재하기, 태어나자마자 존재하기가 얼마나 어려운가요! 가난한 사람, 비천한 사람은 마치 부한 자, 고귀한 자가 얼마나 부자이고 고귀한지를 입증하기 위해 존재하는 것처럼 보입니다. 마치 그들의 인생은 이런 자들을 위해 이용되어야 할 것처럼 보입니다. 반면, 부한 자, 고귀한 자는 가난한 자와 비천한 자들의 존재로 인해 그들의 가치, 그들의 명성과 명예가 더욱 높아질 것처럼 보입니다.

간단히 언급했지만, 내가 어떤 존재인지를 깨닫기도 전에 우리는 이런 인간적인 비교의 늪에 빠져 좀처럼 헤쳐 나오기가 힘든 것 같습니다. 어떻게 하면 우리가 진정한 자기 자신으로 존재할 수 있을까요? 이것을 먼저 깨닫기 위해서 우리가 저 들의 백합과 공중의 새가 있는 곳으로 가봅시다. 그 곳에는 어떤 인간적인 비교도 들어올 수 없습니다. 복음의 명령대로, 들의 백합과 공중의 새를 봅시다. 그리하여 내가 어떤 존재인지를 바로 알 수 있도록 새와 백합과 우리 자신을 비교해 봅시다.

이 강화 전체는 한 마디로 말한다면, "어떻게 살 것인가?"에 대한 제시입니다. 기독교 존재론이라고 말할 수도 있습니다. 하이데거는 인간의 삶에 근본적으로 존재하고 있는 실존의 구조로서 불안을 강조한 바 있습니다. 이는 아마도 키르케고르의 영향을 받은 것으로, 키르케고르는 불안을 원죄와 연결시키고 있습니다. 키르케고르가 말하는 불안은 어떤 병적인 불안, 정신과에서 말하는 예기불안과 같은 그런 개념이 아닙니다. 인간의 삶에서 결코 제거할 수 없는 불안으로 **'존재론적 불안'**이다.

따라서 이 불안을 제거하려는 어떤 노력과 시도도 헛됩니다. 왜냐하면 제거할 수 없기 때문입니다. 이 불안을 어떻게 상대하느냐에 따라 믿음에 이를 수도 있고, 죄에 빠질 수도 있는 그런 양의성이 있는 것이 불안입니다. 다시 말해, 악을 행하려 할 때도 불안은 나타나고 역시 선을 행할 때에도 불안을 느끼게 마련입니다. 키르케고르에 의하면, 불안은 대상이 존재하지 않습니다. 두려움 혹은 공포는 대상의 문제인 반면, 이 존재론적 불안은 대상이 존재하지 않습니다. 오히려 가능성으로부터 옵니다. 두려움은 대상이 사라짐과 함께 사라지지만 불안은 가능성으로부터 오기 때문에 자유의 가능성을 지닌 존재인 인간에게서 불안은 사라질 수 없습니다. 이 불안은 정신 혹은 영으로 규정되지 않는 동물에서는 전혀 발견될 수 없는 인간 고유의 기분입니다.

키르케고르는 제1강화의 "가난의 염려"에서 "구원이란 명령받은 것, 곧 염려하지 말라는 것입니다."라고 말합니다. 나는 여기에서 **구원은 곧 불안으로부터의 구원**이라고 확신합니다. 키르케고르의 『불안의 개념』을 우리나라 말로 '불안'이라고 번역했으나 성서적인 의미에서 고찰한다면 이는 곧 염려를 의미합니다.

예수를 믿는다고 해서 삶의 불안, 염려가 사라지는 것은 아닙니다. 하지만 그리스도인이 하나님 앞에서 참다운 자기 자신을 깨닫고 믿음으로 전진할 때, 염려로부터 구원받을 수 있습니다. 이것은 '날마다 구원'을 경험하는 것입니다. 내일 다만 악에서 구해달라고 기도하는 것은 올바른 기도가 아닙니다. 아마도 사탄이 제일 좋아하는 기도가 '내일' 악에서 구해달라고 기도하는 것입니다. 주기도문에서 우리가 '오늘' 일용할 양식을 달라고 기도하듯, '오늘' 다만 악에서 구해달라고 기도하는 것이 옳습니다.

우리가 날마다 기도해야 하는 이유는 '오늘' 악에서 구해달라고 기도해야 하고, 내일은 다시 오늘이 될 것이므로, 날마다 기도하지 않는 한 우리는 악에서 구원받을 수 없기 때문입니다. 여기에 다 설명하지는 않았으나, 키르케고르는 『불안의 개념』에서 원죄의 전제이자 원죄를 역행적으로 설명해주는 불안에 대해 말한 바 있습니다. 최초의 죄를 낳기 전에 불안(염려)이 존재했다는 것은 놀라운 통찰입니다. 이 불안을 어떻게 마주하느냐에 따라 아브라함처럼 믿음에 이를 수도 있고 아담처럼 죄에 이를 수도 있습니다.

악이란 대단한 나쁜 짓을 하는 것이 아닙니다. 어거스틴 St. Augustine이 악을 존재의 결핍으로 보았다면, 내일의 불안, 내일의 염려를 제거해달라는 기도는 여전히 존재가 결핍된 상태요, 불안을 극복했다기보다는 '내일의 불안으로 인한 기도'일 뿐입니다. 이런 기도가 어떻게 불안을 견딜 수 있겠습니까? 이런 기도는 복음이 말하는 염려를 다스릴 수 없습니다. 나는 이런 기도는 자신의 내밀한 존재의 결핍을 스스로 폭로한 것이라고 생각합니다. 새와 백합처럼 '존재'하기는 더욱 힘들 것입니다. 그들은 내일의 염려가 없으니까요.

'오늘' 다만 악에서 구원해달라고 기도하십시오. 그때, 그 날 하루는 염려로부터 구원받을 수 있을 것입니다. 또한 다시 내일은 오늘이 될 것이고, 그 한 날을 위해 기도할 때, 우리는 날마다 구원받는 놀라운 경험을 하게 될 것입니다. 이것이 날마다 염려로부터 구원받는 비결입니다. 밀란 쿤데라가 『참을 수 없는 존재의 가벼움』이라는 소설을 썼다면, 여기에서 느끼는 존재란 "형용할 수 없는 존재의 기쁨"이 될 것입니다.

역자로서 『이방인의 염려』에서 제시한 모든 것을 다 말할 수는 없습니다. 이 해제는 이 강화의 특징을 다만 역자의 관점에서 서술했을 뿐입니다. 이 강화는 얼마든지 다른 관점에서도 해석될 수 있습니다. 독자 여러분 나름대로의 관점에서 해석할 수 있다면 더욱 좋습니다.

기독교 출판 시장이 어렵습니다. 아마 갈수록 더 어려워질 것으로 판단됩니다. 책을 내고 싶어도 선뜻 나서는 출판사가 없었기에 직접 1인 출판에 도전했습니다. 경제적으로 열악한 상황이라 출판비용이 얼마 들지 않는 전자책 먼저 출간을 했고, 이제야 종이책으로 출간합니다. 아직 출판에 대한 경험이 없는 초보 출판이라 부족한 점이 많더라도 독자들의 많은 양해를 구하는 바입니다. 독자들의 지속적인 관심과 후원, 기도를 부탁드립니다.

기독교 강화와 설교의 차이

기독교 강화Christian Discourse는 어느 정도는 의심을 다루고 있다. 설교는 절대적으로 유일하게 권위에 기반을 두고 영향을 끼친다. 즉, 성서와 그리스도의 사도들의 권위이다. 그러므로 의심을 아무리 잘 다룬다 할지라도, 설교에서 의심을 다루는 것은 정확히 이단heresy인 것이다.

그러므로 나의 《기독교 강화》의 서문은 다음에 나오는 구절을 담고 있다: "고난당하는 자가 많은 생각으로 인해 방황하고 있다면,"

설교는 목사(안수)를 전제하고 있다; 기독교 강화는 평신도에 의해서도 가능할 수 있다.

-JP I 638 (Pap. VIII1 A 6) n.d., 1847

기도⁰¹

하늘에 계신 아버지!

봄이 돌아오면,
자연에 있는 모든 만물들은
새로운 신선함과 아름다움으로 다시 돌아옵니다.

새와 백합은
지난 해 이후로 아무 것도 잃어버린 것이 없습니다.

원컨대 우리 또한,
이 선생들의 가르침에 변함없이 돌아오게 하소서!

아, 그러나 우리의 건강이
시간이 지남에 따라 상실된다면,

원컨대,
다시 들의 백합과 공중의 새에게서 배움으로써,
우리가 다시 건강을 회복하게 하옵소서!

본문 말씀: 마태복음 6장 24-34절

한 사람이 두 주인을 섬기지 못할 것이니 혹 이를 미워하고 저를 사랑하거나 혹 이를 중히 여기고 저를 경히 여김이라. 너희가 하나님과 재물을 겸하여 섬기지 못하느니라.

그러므로 내가 너희에게 이르노니 목숨을 위하여 무엇을 먹을까 무엇을 마실까 몸을 위하여 무엇을 입을까 염려하지 말라 목숨이 음식보다 중하지 아니하며 몸이 의복보다 중하지 아니하냐? 공중의 새를 보라 심지도 않고 거두지도 않고 창고에 모아들이지도 아니하되 너희 하늘 아버지께서 기르시나니 너희는 이것들보다 귀하지 아니하냐? 너희 중에 누가 염려함으로 그 키를 한 자라도 더할 수 있겠느냐?

또 너희가 어찌 의복을 위하여 염려하느냐? 들의 백합화가 어떻게 자라는가 생각하여 보라. 수고도 아니하고 길쌈도 아니하느니라. 그러나 내가 너희에게 말하노니 솔로몬의 모든 영광으로도 입은 것이 이 꽃 하나만 같지 못하였느니라. 오늘 있다가 내일 아궁이에 던져지는 들풀도 하나님이 이렇게 입히시거든 하물며 너희일까보냐? 믿음이 작은 자들아. 그러므로 염려하여 이르기를 무엇을 먹을까 무엇을 마실까 무엇을 입을까 하지 말라. 이는 다 이방인들이 구하는 것이라. 너희 하늘 아버지께서 이 모든 것이 너희에게 있어야 할 줄을 아시느니라.

그런즉 너희는 먼저 그의 나라와 그의 의를 구하라 그리하면 이 모든 것을 너희에게 더하시리라. 그러므로 내일 일을 위하여 염려하지 말라 내일 일은 내일이 염려할 것이요 한 날의 괴로움은 그 날로 족하니라.

새와 백합을 통해 배우기[12]

    율법이 주어진 것은 하늘의 천둥이 치는 동안에 시내 산 정상에 있을 때였습니다.[02] 아! 저 거룩한 산에 오르는 모든 동물은 순진하게, 뜻밖에 죽임을 당하고 맙니다. 율법에 의해서 말입니다.[03] 산상설교가 선포된 것은 산 밑에 서였습니다. 이것은 율법이 복음과 관계하는 방식입니다. 곧, 이것은 이렇습니다. 복음이란 땅에 내려온 천상의 것입 니다. 복음은 더욱 부드러워졌고 더욱 가까워진 천상의 것 입니다. 지금 이 땅에 내려왔지만 더욱 천상의 것이 되었 습니다.

    복음이 선포된 것은 산 밑에서였습니다.[04] 더욱이, 새 와 백합이 나옵니다. 그들이 거기 있다는 것, 이것은 마치 장난치는 것처럼, 농담하는 것처럼 들립니다. 다만 새와 백합이 거기 있기 때문에 진지함은 더욱 거룩해질지라도, 농담에 의해 그렇게 되는 것입니다. 그리고 새와 백합이 거기 있다는 농담은 여전히 남습니다. 그들은 거기에 있습니다. 더욱이, 그들은 거기에 있을 뿐만 아니라, 선생으로 존재합니다. 복음 자체는 확실히 실제적인 선생이고, 그분도[05] **선생**이시며 길이요, 진리요, 생명이십니다.[06] 다만, 새와 백합은 일종의 보조교사로 거기에 있을 뿐입니다.

이것이 어떻게 가능한가요? 자, 문제는 그렇게 어렵지 않습니다. 새도 백합도 **이방인**이 아닙니다. 그러나 새와 백합은 또한 그리스도인도 아닙니다. 바로 이런 이유로 그들은 기독교를 가르치는 것을 돕는 데에 성공할 수 있습니다. 새와 백합을 보십시오. 그러면 당신은 이방인이 어떻게 살아가는지 발견하게 될 것입니다. 왜냐하면 그들은 새와 백합이 살아가는 방식으로 살지 않으니까요.

새와 백합처럼 산다면, 당신은 그리스도인입니다. 그러나 새와 백합은 그리스도인이 아니며, 그렇게 될 수도 없습니다. 이교도와 기독교는 서로 대립하고 있지만, 새와 백합은 이 대립하고 있는 양자와 누구하고도 대립하지 않습니다. 새와 백합은 밖에서 놀고 있습니다.[07] 이것을 이런 식으로 표현하자면, 그들은 영리하게 모든 대립으로부터 멀리 떨어져 있습니다.

판단하고 정죄하지 않기 위해, 복음은 이교도가 무엇인지를 명확하게 하기 위해 새와 백합을 활용합니다. 그러나 그리하여 결과적으로는 그리스도인들에게 무엇이 요구되는지 명확히 합니다. 새와 백합은 판단하는 일을 막기 위해 슬쩍 들어온 것입니다. 왜냐하면 새와 백합은 누구도 판단하지 않으니까요.

그리고 **당신, 당신은 이방인을 판단하지 말아야 합니다.** 당신은 새와 백합을 통해 배워야 합니다. 새와 백합은 가르침에 있어 어려운 위치에 있습니다. 그들의 가르침은 어려운 과업입니다. 다른 누구도 이것을 할 수는 없습니다. 다른 사람들은 이방인을 고발하고 판단하기 쉽습니다. 그리스도인들을 (가르치기보다) 찬양하기 쉽습니다. 혹은 소위 그렇게 살지 못하는 그리스도인들을 조소하며 비난하기 쉽습니다.[08]

그러나 새와 백합은 유일하게 가르치는 일에만 몰두하고 있고 사로잡혀 있습니다. 그들은 좌파인지 우파인지는 관심도 없는 것처럼 보이며, 왼쪽도 오른쪽도 보고 있는 것 같지도 않습니다.[09] 그들은 일반적인 선생들이 하는 것처럼 칭찬하지도 않고 꾸짖지도 않습니다. "그는 아무에게도 얽매이지 않는다."(막12:14)라는 말을 들었던 선생이신 그분처럼, 그들 역시 누구에게도 얽매이지 않습니다. 아니, 새와 백합은 자기 자신에게만 얽매일 뿐입니다. 그럼에도 불구하고 그들에게 집중하기만 한다면, 배우지 못할 일은 없을 것입니다.

아, 사람은 그가 할 수 있는 모든 것을 할 수도 있습니다. 그럼에도 불구하고 때로는 배우는 자가 그에게서 무언가를 배울 수 있는 것인지 의심스러울 수 있습니다. 그러나 새와 백합은 결코 아무것도 하지 않습니다. 그럼에도 불구하고 그들에게서 배우지 못할 일은 거의 없습니다.

사람이 가르치는 일이 무엇인지, 기독교적으로 가르치는 일이 무엇인지, 아직 새와 백합에게 배울 수 없었다면, 가르치는 이 위대한 기술을 배우십시오. 곧, 평상시처럼 살아가는 법, 스스로를 돌보는 법을 배우십시오. 하지만 신이 나서, 멋지게 해낼 뿐 아니라, 비용도 저렴하고 감동적이어서 무언가 배우지 못할 것이 없을 것입니다!

인간의 선생이 모든 것을 해냈지만, 배우는 자가 아직 아무것도 배우지 못했을 때, 선생이 "그건 나의 잘못이 아니야."라고 말하는 것은 사실입니다. 아, 그러나 당신이 새와 백합을 통해 많은 것을 배웠을 때, 새와 백합은 "그건 우리가 가르쳐서 그래."라고 말할 것 같지 않습니다. 이 선생들은 배우는 자에게 얼마나 친절한가요. 그만큼 친절하고, 그만큼 인간적이고, 그만큼 거룩한 직책을 받을 만합니다.

당신이 무언가를 망각한면, 새와 백합은 즉시 당신을 위해 그것을 반복하고 또 반복하고 마침내 당신이 그것을 알 때까지 반복하려 합니다. 당신이 그들에게서 아무것도 배우지 못한다 해도, 이 선생들은 당신을 꾸짖는 것이 아니라 보기 드문 열정으로 계속 가르칠 뿐입니다. 다만 가르치는 일에 몰두할 뿐입니다. 그들에게 무언가를 배운다면, 그들은 이 모든 공을 당신에게 돌릴 것입니다. 그들은 아무런 관계가 없는 척 할 것이고, 당신이 그들에 아무런 덕을 본 일이 없는 것인 양 행동할 것입니다. 새와 백합은 아무리 배우려하지 않는 자도, 누구도 포기하지 않습니다. 그들은 어떤 예속도 요구하지 않습니다. 그들에게 아무리 많은 것을 배운 자에게도 예속되기를 원치 않습니다.

오, 당신 훌륭한 선생들이여, 당신에게 다른 아무것도 배우지 못했어도, 가르치는 법을 배웠다면, 얼마나 많은 것을 배운 것인가요! 인간의 선생이 스스로 말한 것들 중에 얼마라도 행한다면, 그것은 대단한 일입니다. 대다수는 많은 말을 하지만 거의 그것을 실행하지 않으니까. 아, 새와 백합은 다른 사람에 대해 이런 비판도 한 적이 없습니다!

그러나 당신, 어떤 의미에서 당신도 말한 것을 하지 않고 있습니다. 당신은 아무런 말도 하지 않으면서 그것을 합니다. 당신의 이런 과묵한 침묵, 같은 일을 행함으로 당신 자신에 대한 이런 충성! 허구한 날 매년마다, 감사받든 못 받든, 이해받든 못 받든, 사람이 보든 안 보든, 이것은 가르치는 일에 대한 얼마나 숙련된 기술인가요!

따라서 우리는 새와 백합의 도움으로 이방인의 염려를, 이방인의 본질을 알게 됩니다. 다시 말해, 새와 백합이 비교 가능한 궁핍이 있다 해도, 그들에게는 없는 것이 바로 이 염려입니다. 그러나 또한 우리는 다른 방식으로 이런 염려들을 알게 됩니다. 이방인의 나라를 여행함으로써, 거기에 사람들이 어떻게 사는지, 어떤 염려를 갖고 있는지를 봄으로써 말입니다.[10]

마침내, 세 번째 방식으로 이런 염려들을 알게 됩니다. 그렇습니다, 여행을 통해서 말입니다. 우리가 살고 있는 이곳, 기독교의 나라입니다. 거기에는 그리스도인들 밖에 없습니다.[11] 따라서 이런 결론에 도달할 수 있어야 합니다.

"아무리 생활에 궁핍과 압박이 있어도, 우리와 함께 하고 있는 이곳에서 발견될 수 없는 염려는 이방인들의 염려이어야만 한다."

혹은 이런 결론에 도달할 수도 있습니다. 아, 다른 관찰 때문에 전제를 제거함으로써 이 결론에 도달할 수 있는 능력을 빼앗기지 않는다면, 지금 다른 결론에 도달할 수 있습니다.

"이 나라에서 사람들 사이에 이런 이방인의 염려들이 발견된다. 따라서 이 기독교의 나라는 이방인의 나라다."

저 경우, 이방인의 염려에 대한 이 강화는 미묘한 조롱처럼 들립니다. 다만 우리만은 감히 기독교 세계에 대한 저런 가혹한 관점을 갖지 맙시다. 스스로 저런 잔인한 조롱을 허용하지 맙시다. 주의하십시오. 이런 잔인함은 말하는 자, 자기 얼굴에 침 뱉기입니다. 그가 말하고 지적합니다고 해서, 그가 그런 완전한 그리스도인이 아닙니다.

하지만 이 강화가 이것에 대한 비법을 갖고 있다는 것

을 잊지 맙시다. 말하자면, 천사가 말할 수 있다면, 이런 식으로 우리들을 조롱한다는 것을 잊지 맙시다. 우리는 스스로 그리스도인이라고 부릅니다. 아마 천사는 이런 식으로 이 문제를 돌려서 우리를 조롱할 것입니다. 천사는 평범한 기독교에 대해 우리를 비난하는 대신에, 이방인의 염려를 서술하며 언제나 말할 것입니다.

"그러나 여기 이 나라에 그리스도인이 있지. 물론 이런 염려들은 발견되지 말아야 해."

이 염려가 이방인의 염려라는 가정으로부터 결론을 끌어 낼 때, 혹은 반대로 이 나라가 기독교의 나라라는 가정으로부터 결론을 끌어 낼 때, 천사는 그런 염려들이 부적절하게 이방인의 염려로 일컫게 됐다는 결론에 이를 수도 있습니다. 혹은 실제로 그리스도인밖에 없는 기독교 나라를 상상할 수도 있습니다. 이 나라가 우리의 나라인 척하고 이런 결론에 도달할 수도 있습니다.

"이런 염려들이 거기에서는 발견되지 않으므로, 그것들은 이방인들의 것이지."

이것을 잊지 맙시다. 기독교 세계에서 발견된 이방인들은 가장 비천한 자들이고 그렇게 침몰하고 있다는 것도 잊지 맙시다. 이방인의 나라에 있는 자들은 아직까지 기독교에까지 높여지지 못했습니다. 그러나 기독교 세계에 있는 이방인은 이교도 아래로 침몰한 자들입니다. 전자는 타락한 종족에 속하고, 후자는 한 번 높여진 후에, 다시 타락하여 더 비천한 형태로 타락한 자들입니다.

따라서 이 건덕적 강화는 영원한 것이 각 사람 속에 승리할 수 있도록 다양한 방법으로 싸우고 있습니다. 그러나 적절한 자리에서, 새와 백합의 도움으로, 무엇보다 긴장을 풀고 쉬는 것을 잊지 않습니다. 싸우고 있는 그대, 긴장을 풀고 쉬십시오! 웃는 법을 잊을 수 있습니다. 그러나 하나님은 그대가 웃는 법을 잊지 않도록 하십시다!

사람은 아무런 해를 입지 않고도 많은 것을 잊을 수 있습니다. 그의 노년의 나이에 이르러서는, 기억하길 그토록 바랐던 것을 잊는 일을 참고 견뎌야 합니다. 그러나 하나님이여, 사람이 그의 최후의 복된 결말까지 새와 백합을 잊는 일이 없도록 하소서!

참고 자료

01 최종본에서 삭제된 것은 다음과 같다.

S.K

삭제된 것: 이 작은 책을 "저 단독자"에게 바칩니다. -Pap. VIII2 B 123:3 n.d., 1847-48

최종본에서 생략된 서문은 다음과 같다.

서문에서,

....내가 기쁨과 감사로 나의 독자라고 부르는 저 단독자, 그는 정직하고 진지하게 나의 노력에 부응하고 있다. 나는 그의 기질이나 인내를 잃지 않기를 바란다. 왜냐하면 이 과업이 몹시 힘들기 때문이다. 나는 전에 이것을 바란 적이 없다. 그러나 그가 신실하게 오랫동안 나와 함께 인내했다면, 다시 한 번 더 인내하기를 바란다. -어리석음이나 시기로 인해 코펜하겐을 시장으로 만들기를 바라고, 이 코펜하겐의 시장에서 일반적으로 더 능력이 부여된 사람이 되거나 특이하게 근면한 자가 되기 위해 범죄하기를 바란다면, 나는 바로 하나님께 복주시라고 기도할 것이다. 나에게 이 죄를 범할 수 있는 능력을 달라고, 지금까지 나에게 허락된 것에 대해 그분께 감사할 수 있도록 기도할 것이다.

잘 알려진 것처럼, 둔한 것obtuseness만큼 지배적인 힘은 없다. -당연히, 진리의 관점에서 볼 때, 이 지배는 형편없이 보호된다. 그리고 대중의 야비함rabble barbarism만큼 혐오스럽게 잔인하거나, 이 잔인함에서 혐오스러운 어떤 힘도 없다. 물론 나는 비위를 건드렸고, 정곡을 찔렀다. -덴마크에서 선한 영을 보호하고 지키기 위해 다만 나의 역할을 하기 위해서 말이다. 결과적으로 덴마크적인 것이 아닌 영을 섬기고 우상을 예배하며 진실한 아이들을 희생하는 대신, 이것이 그들을 보호하고, 유익하게 하고, 용기를 줄 수 있을 것이다. -Pap. VIII1 A 430 n.d., 1847

원고에서,

기독교 강화(일기 NB 30쪽을 보라.[Pap. VIII1 A 430])

서문

내가 직접적으로 인내심을 잃지 않기를 바랐던 저 단독자 – 나는
이전에 이것을 바란 적이 없었다. 나는 스스로 이것이 얼마나 어려운지,
동시대 사람들이 나와 함께 인내하고 지치지 않는 것이 얼마나
어려운지 안다. 내가 그에게도 나에게도 어떤 쉼도 허용할 수 없기
때문이다. 나는 이에 대해 올바른 인상을 갖는 것도 얼마나 어려운지
안다. 나는 이것을 철저하게 안다. 왜냐하면 내가 죽고 없어지고
나서야 실제로 나의 책을 위한 때가 올 것이라는 것을, 나의 인생처럼
그들의 인생을 경험할 때가 올 것이라는 것을, (화가가 말한 것처럼)
그들이 유리한 입장에 서리라는 것을 누구보다 잘 알기 때문이다. 내가
사는 동안, 나의 정력의 3분의 2를 혼란을 주기위해 사용하는 것, 나
자신에게 불리하게 일하면서도 그런 인상을 약화시키는 것, 이것이
나의 과업의 일부이기도 하다. -이것이 명확히 동시대인들이 나를
이해하기 힘든 이유다.

02 출애굽기 19장을 참고하라.

03 출애굽기 19:12-13, "너는 백성을 위하여 주위에 경계를 정하고
이르기를 너희는 삼가 산에 오르거나 그 경계를 침범하지 말지니 산을
침범하는 자는 반드시 죽임을 당할 것이라. 그런 자에게는 손을 대지
말고 돌로 쳐죽이거나 화살로 쏘아 죽여야 하리니 짐승이나 사람을
막론하고 살아남지 못하리라 하고 나팔을 길게 불거든 산 앞에 이를
것이니라 하라."

04 이 부분은 마태복음 5-7장을 말한다. 그러나 이 복음서에서는 산 밑에서
설교했다는 말은 없다.

05 예수 그리스도를 의미한다. 마태복음 5:2에서, 주님은 "가르쳤다." 또한
요한복음 3:2에서 니고데모는 다음과 같이 말한다. "랍비여, 우리가
당신은 하나님께로부터 오신 선생인 줄 아나이다."

06 요한복음 14:6, "예수께서 이르시되, 내가 곧 길이요, 진리요, 생명이니 나로 말미암지 않고는 아버지께로 올 자가 없느니라."

07 이교도와 기독교 밖을 의미한다.

08 이 부분은 글을 읽는 독자들을 향한 경고다. 이 글을 읽을 때, 때로는 기독교 세계 안에 있는 이방인을 비판할 수 있다. 하지만 이것은 이 책에 대한 오해이다. 키르케고르는 이 책이 비판하는 데 사용되기보다 자기 자신을 돌아보는 데 사용하기를 바라고 있는 것이다.

09 신명기 5:32, "그런즉 너희 하나님 여호와께서 너희에게 명령하신 대로 너희가 삼가 행하여 좌로나 우로나 치우치지 말고"

10 여기에서 이방인의 나라는 곧 기독교 세계를 의미한다. 그 당시 덴마크는 기독교 국가였다는 것을, 전체 사회가 "기독교화" 되었다는 것을 유념하기 바란다. 이후에 나오는 이야기도 기독교 세계에 대한 비판을 다루고 있다.

11 그 당시에 덴마크는 루터 교회가 국가 교회가 되어 있었다. 왕뿐만 아니라 거의 모든 사람들이 그리스도인이었다. 1845년 2월 1일 인구조사에 따르면, 덴마크 왕조에 1,350,327명의 사람들이 있었다고 한다. 이 중에서 5,371명이 루터교가 아닌 다른 신앙이 있었고, 기독교가 아닌 것으로 분류된 사람들은 더 적었다. 즉, 유대교로 3,670명이 있었다고 한다. 키르케고르 연구소 제공 주석 참고.

12 제 1부의 목차에서 들어가는 말Indgang은 원래 끝맺는 말Udgang이라는 반대 표제어를 갖고 있었다. 그러나 최종적으로는 삭제되었다. 이것을 확인하기 원한다면, 다음을 참고하라.

"이방인의 염려"에서

끝맺는 말

결론으로 한 마디만 더 하자. 당신, 분투하는 자여, 당신이 누구이든, 일시적인 이 땅의 염려의 무거운 십자가를 지고 간다. 당신은 이 어려움으로 시험을 받고 있는 중이다. 혹은 그런 이유로, 침착하지 못하며 떨고 있으나 위로를 갈망한다. 혹은 슬프게도 길을 잃고 방황하고 있으나 안내를 갈망한다.

특별히 각 강화의 시작에서, 당신은 여기에서 제시하는 것이 충분히 진지하지 않다고 생각할 수 있다. 하지만 너무 성급하게 판단하지 말라. 그냥 읽으라. 걱정하지 말고 읽으라. 나를 믿으라. 누구나 무엇보다 가장 필요한 것은 진정되는 것이다. 눈물을 흘리는 미소로, 그 미소에 의해 진정되어야 한다.

진지함earnestness이라고 일컫는 모든 것이 진지한 것만은 아니다. 많은 부분이 우울한 마음의 상태에 불과한 것이 있다. 세속적으로 근심하고 있는 마음의 불쾌일 수도 있다. 마음의 비통일 수도 있다. 이 비통은 하나님께 탄식하는 것이 아니라, 하나님에 대한 반항이고, 자신의 운명에 대한 고발이다. 이것은 어리석고 얼빠진 분주함일 수도 있다. 이런 분주함은 온갖 다른 것에는 바쁘지만 정작 필요한 한 가지에서는 바쁘지 않다.(눅10:41-42) 긴 인생 동안 온갖 다른 것에는 시간을 할애하지만 정작 필요한 이 한 순간에는 시간을 할애하지 않는다.

눈물이 구원을 가져오는 동안 사람을 도와 진정할 수 있는 미소를 짓게 하는 것, 그것은 다른 것들 중에서 헌신적이고 건덕적인 이 강화의 목적이다. 이 강화는 그렇게 되어야 한다. 이 강화는 엄격하게 말할 수 있어야 한다. 이 과업의 요구를 지켜야 하고 그 의무를 존중해야 한다. 또한 이 미소를 이끌어 낼 수 있어야 한다.

우리는 여기에서 까닭 없이 큰 소리로 웃는 자의 변덕에 대하여 말하려는 것이 아니다. 그것은 지혜로운 자들에게는 혐오고, 고난당하는 자들에게는 건방진 발작이다. 아니, 우리는 미소에 대하여 말하려는 것이다. 눈물이 힘든 시간을 보낼 때, 도울 수 있는 미소 말이다. 슬픔을 유익하게 만드는 미소 말이다.

이 미소는 종종 감사를 받지 못하는 경우도 있다. 왜냐하면 도움을 준 것이 눈물로 생각하기 때문이다. 슬프구나, 마치 아이에게 도움을 받을 때, 도움을 받았다고 느끼지만 아이가 돕는 자였다는 것을 명심하지 않는 것처럼 말이다. 결국 아이는 너무 경험이 없어 도울 수 없다. 미소는 도울 수 있을 만큼 진지하지 않다.

보라, 이것이 이 미소다. 이 강화가 만들어 낼 수 없는 미소다. 건덕적 강화는 어떤 미소도 만들어 내지 않고 어떤 사람도 필요치 않는다. 다만 분투하는 자가 필요로 하는 것이 이 미소다. 건덕적 강화는 하나님께 기도한다. (진실로 이 강화는 무엇을 기도하는지 안다.) 이 강화는 그에게서 저 미소를 끌어내는 데에 성공할 수 있도록 기도하는 것이다. 따라서 이 강화는 그에게 말하려는 것이다. 그가 무엇보다 이 미소 줄smile-string, Smilebaand을 잡아당기기 위해 다른 모든 속박끈, bonds, Baand을 순간적으로 잊게 하려는 것이다.

나를 믿으라. 명확히 이것이 진지함에 속하는 것이다. 나를 믿으라. 사람이 더욱 고난당할수록(그가 시험당하고 있는 결백한 고난 혹은 그가 형벌로 초래한 고난), 더욱 진정되고, 더욱 이 미소가 가능해진다면, 눈물로 인한 이 미소, 그가 견뎌야만 하는 것을 견디는 것, 이것이 가능해진다면, 그가 영원을 향해 나아가고 있고 영원을 위해 성숙해지고 있다는 확실한 표적이다. 이런 식으로 우는 것은 약점이라고 생각하지 말라.

특별한 예를 들어보자. 노인을 상상해 보라. 노인임에도, 그는 세월이 지나도 더 활기차고 더 강인해졌다. 그 나이에 걸맞은 분별력이 있었다. 그는 인생의 많은 일들을 겪었고, 온갖 이 세상의 역경들로 시험을 받았다. 그러나 지금 그의 삶의 상태는 안전하고 태평했다. 우리 인간들이 말하듯, 그는 행복했다.

역경의 기간 동안 누구도 그가 울부짖는 것을 본 적이 없다. 또한 누구도 그가 다른 사람들의 이 땅의 필요에 대하여 우는 것을 본 적이 없다. 그가 말하곤 했듯이, 사람은 그런 일에 대하여 울면 안 된다. 가능하면 많이 돕는다. 그러나 어느 날 젊을 때의 친구와 앉아서 이 삶과 역경들에 대하여 이야기를 나누었을 때, 특별히 생계에 대한 걱정에 대해 이야기를 나누었을 때, 갑자기 거기에 있던 아이가 한 마디 말로 질문하며 대화에 끼어 든 것이다. 그 후에 노인은 미소를 지었다가 갑자기 울기 시작했다.

왜 이런 일이 일어났는가? 진지하게 대화하는 중에 아이가 끼어들었을 때, 한 마디 말이 이런 결과를 생산하는 이런 이상한 일은 왜 벌어졌는가? 아이는 이해할 능력이 없기 때문이다. 이 땅의 염려 때문에 발생하는 어떤 비통함embittering에 대한 예감도 없기 때문이다. 따라서 아이는 주책없이 말할 필요가 없다. 아이는 합리적으로 말할 뿐이다. 다만 선한 이유로 완전히 "이 비통함"을 생략했던 것이다. 따라서 그런 때에 사람은 말한다.

"그래, 얘야, 네가 말하는 것은 전적으로 맞다."

그리고 아이를 무시한다. 이 주제를 더 진전시키고 싶어 하지 않는다. 아, 결국 아이는 혼란을 야기시켰던 것이다. 사람들은 이런 장난꾸러기 같은 작은 현자와 이야기하기를 꺼려한다. 아이의 말은 맞다. 그러나 그가 얼마나 상황을 비꼬고, 그가 어떻게 그렇게 되었는지 모른다.

아이가 말한 것 때문에, 사람은 비자발적으로 단 하나의 인상에 집중하게 된다. 결국 수많은 세월에 걸쳐 경험했던 온갖 비통함에 대하여 생각하게 된다. 그는 알고 있으나 아이는 어떤 예감조차 없는 일에 대하여 생각하게 된다. 어쨌든 아이가 말한 것은 전적으로 맞다. 이것이 모순이다. 이 모순에 대해 웃는 것이다. 그러나 아이는 그 사람을 감동시킨 것이다. 잠시 동안이나마 아이의 독창성의 도움으로 공평하게 생각하게 된 것이다. 그렇다. 거의 영원에 있는 것처럼 말이다. 이 땅의 삶에 압력에 대하여 상당히 공평하고 진정된 것이다. 따라서 미소 짓는다.

이것이 이상한가? 그가 전혀 이해하지 못하는 것에 대하여 말하는 자가 계속 말하고 옳은 것을 말한다. 그때 결과적으로 그가 옳은 것을 말하고 있다는 것을 스스로는 이해하지 못한다. 이 아리송한 현자가 아이었다는 것, 이것이 감동적이지 않은가? 곧, 한 때는 누구나 아이었던 것이다! 아, 학사 학위는 없지만 하나님이 임명한 이 선생들은 마치 아이와 같다. 백합과 공중의 새 말이다!

-Pap. VIII1 A 660 n.d., 1847-48

가난의 염려

Armodens Bekymring

그러므로 염려하여 이르기를,
"무엇을 먹을까, 무엇을 마실까,
무엇을 입을까?" 하지 말라.
이는 다 이방인들이 구하는 것이라.

[01]새에게는 이 염려가 없습니다.

새는 무엇을 먹고 사나요? 이런 문제에 있어서 우리가 백합에 대해서는 말하지 말아야 합니다. 이 문제는 백합에게는 매우 쉬우니까요. 백합은 공기를 먹고 삽니다. 그러나 새는 무엇을 먹고 사나요?

누구나 알다시피, 주민 센터는 염려하고 처리해야 할 너무 많은 일들이 있습니다. 때로는 먹고 살 것이 아무 것도 없는 사람들을 걱정해야 하고, 때로는 먹고 살만한 것은 있으나 이에 만족하지 못하는 사람도 걱정해야 합니다. 그런 사람들을 불러 무엇으로 먹고 사는지 묻기도 합니다.

그때, 새는 무엇을 먹고 사나요? 새가 창고에 모아들이는 것이 없다는 것은 확실합니다. 새에게는 양식을 모아들일 창고가 없으니 말입니다. 그러나 실제로는 그 누구도 창고에 쌓아 놓은 것으로 먹고 살지는 않습니다.

그러나 다시 한 번 물으면, 새는 무엇을 먹고 사나요? 새는 자신을 설명할 수 없습니다. 누군가 새를 소환해 질문한다면, 나면서부터 소경이었던 자가 그 눈을 뜨게 한 사람이 누구였는지에 대한 질문에 답변했던 것처럼 대답해야 했을 텐데 말입니다.

"저는 잘 모릅니다. 제가 아는 한 가지는, 전에 제가 앞을 보지 못했으나 이제는 본다는 사실입니다."[02]

마찬가지로 새는 대답할 것입니다.

"저는 잘 모릅니다. 그러나 제가 아는 한 가지는, 제가 살아 있다는 사실입니다."

그때, 새는 무엇을 먹고 사나요? 새는 **일용할 양식**daily bread[03]을 먹고 삽니다. 이 일용할 양식은 신선도가 떨어지지 않는 하늘의 음식입니다.[04] 게다가 누구도 훔칠 수 없을 만큼 잘 보관된 거대한 양의 양식입니다. 왜냐하면 도둑은 "밤중에 보관된 것"만 훔칠 수 있기 때문입니다. 다시 말해, 낮 동안 이미 사용된 것은 아무도 훔칠 수 없습니다.

따라서 일용할 양식Brød은 새의 생계Levebrød입니다. 일용할 양식은 가장 인색하게 측정된 양에 해당합니다. 이것은 정확히 딱 맞고 조금도 남음이 없습니다. 일용할 양식이란 가난이 필요로 하는, 그만큼의 딱 적은 양입니다.

그때 새는 정말로 가난한가요? 이 질문에 대답하기보다 우리가 물어야 합니다. "새는 가난한가요?" 아니오, 새는 가난하지 않습니다.

보십시오, 여기에서 새가 선생인 것이 명백해집니다. 새의 외적인 조건을 따라 판단하자면, 새가 가난하다고 말해야 하는 것이 맞습니다. 그럼에도 불구하고 새는 절대 가난하지 않습니다. 누구도 새가 가난하다고 말하지 않을 것입니다.

이것은 무엇을 의미합니까? 새의 상태가 가난하다는 것을 의미합니다. 그러나 새에게는 가난의 염려가 없습니다. 새를 소환한다면, 주민 센터 직원은 새가 가장 엄밀한 의미에서의 기초생활 수급자에 걸맞은 자임을 발견하게 될 것입니다. 그러나 새를 다시 날려 보낸다면, 새는 가난하지 않습니다. 복지과 담당자에게 최종적으로 판단할 권한이 있다면, 새는 확실히 가난해집니다. 생계에 대한 너무 많은 질문들로 시달리다 못해, 새도 스스로를 가난하다 여기게 될 것이기 때문입니다.

그리스도인에게는 이 염려가 없습니다.

따라서 당신은 "무엇을 먹을까?" 혹은 "무엇을 마실까?"라고 말하면서 염려하지 말아야 합니다. 이 모든 것들은 이방인이 구하는 것들입니다. **왜냐하면 그리스도인에게는 이 염려가 없기 때문입니다.**

그때 그리스도인은 부한가요? 물론 부한 그리스도인이 있을 수도 있습니다. 하지만 우리는 지금 이것에 대해 말하는 것이 아닙니다. 가난한 그리스도인에 대해 말하고 있습니다. 그는 가난하지만, 그런데도 그에게는 이 가난의 염려가 없습니다.

따라서 그는 가난하지만 가난하지 않은 것입니다. 다시 말해, 가난 가운데 있지만 가난의 염려가 없다면, 가난하지만 가난하지 않습니다. 그때, 새가 아니고 사람이라면, 그러고도 새와 같다면, 그는 그리스도인입니다.

가난한 그리스도인은 무엇으로 사나요? **일용할 양식**

입니다. 이 점에서 그는 새와 닮았습니다. 그러나 이방인이 아닌 새는 그리스도인도 아닙니다. **왜냐하면 그리스도인은 일용할 양식을 위해 기도하기 때문입니다.** 그렇다면 그가 새보다 더 가난한가요? 왜냐하면 그가 일용할 양식을 위해 기도해야 하니 말입니다. 반면, 새는 기도하는 일이 없어도 일용할 양식을 얻습니다. 맞습니다. 이방인은 그리스도인이 새보다 가난하다고 생각합니다.

그리스도인은 일용할 양식을 위해 기도합니다. 기도함으로써 일용할 양식을 얻습니다. 그럼에도 불구하고 한밤중에 보관할 것이 아무것도 없습니다. 일용할 양식을 위해 기도함으로써, 한밤중의 염려를 떨쳐버립니다. 자신이 기도한 일용할 양식을 내일 얻기 위해 편히 잘 수 있습니다.

그러므로 그리스도인은 새나 모험가가 자신이 찾는 곳에서 일용할 양식을 얻는 것처럼 그렇게 일용할 양식으로 사는 것이 아닙니다. **왜냐하면 그리스도인은 기도함으로써 구하고, 구하는 그 자리에서 일용할 양식을 찾기 때문입니다.** 바로 이런 이유에서, 그가 아무리 가난하더라도, 일용할 양식 그 이상으로 먹고 살 수 있는 더 많은 것을 갖고 있습니다.

그리스도인에게는 일용할 양식 외에 덤으로 생긴 무언

가 있습니다. 그것은 새에게는 없는 어떤 가치이고, 넉넉함입니다. 그리스도인은 이것을 위해 기도하고 **따라서 일용할 양식이 하나님으로부터 온다는 것을 알고 있습니다. 아무리 보잘것없는 작은 것일지라도, 비록 초라한 선물에 불과할지라도, 그것이 사랑하는 사람으로부터 온 것이라면 얼마나 무한한 가치를 지니는 것인가요!**

따라서 그리스도인이 이 땅의 결핍과 필요에 대하여 생각하는 한, 그가 일용할 양식으로 충분하다고 말하고 있을 뿐만 아니라, "이것이 그분으로부터 오는 것만으로도 나에게는 충분해"라고 말할 때, 그는 다른 무언가에 대하여 말하는 것입니다. 그러나 어떤 새나 이방인도 그가 무엇을 말하는지 알 수 없습니다.

저 소박한 현자[05]가 먹는 것과 마실 것에 대해 계속해서 말했을지라도, 심오하게 가장 고차원적인 것에 대해 말했던 것처럼, 가난한 그리스도인도 마찬가지입니다. 먹을 것에 대해 말할 때, 가장 고차원적인 것이 무엇인지에 대해 말하고 있는 것입니다. 왜냐하면 그가 "일용할 양식"을 말할 때, 먹을 것에 대해 말하고 있을 뿐만 아니라, 하나님의 식탁에서 그것을 얻는 것에 대해 말하는 것이기 때문입니다.

새는 이런 식으로 일용할 양식으로 먹고 사는 것이 아닙니다. 새는 이방인처럼 먹기 위해 사는 것도 아닙니다. 새는 살기 위해 먹습니다. 그러나 그때, **이것은 정말로 사는 것일까요?**

그리스도인은 일용할 양식으로 삽니다. 그가 일용할 양식으로 먹고 사는 것에 대해서는 의문의 여지가 없습니다. 그러나 무엇을 먹고, 무엇을 마실 것인지에 대한 것에도 어떤 의문도 없습니다. 이와 관련해, 하늘 아버지께서는 그리스도인에게 이 모든 것들이 필요하다는 것을 알고 계실 뿐 아니라 책임지고 계신다고 이해하고 있기 때문입니다.

가난한 그리스도인은 이 모든 것들에 대해 묻지 않습니다. 이것은 이방인들이 구하는 것입니다. 하지만 그리스도인이 구하는 다른 무언가가 있습니다. **그렇기에 살고 있습니다.**[06] (결국, 새가 어느 정도로 **"살고 있는 것"**인지는 의심스럽습니다.) 하지만 그는 살고 있습니다. 혹은 그가 살고 있는 것이 바로 이를 위한 것입니다. 따라서 그가 살고 있다고 말할 수 있습니다.

그리스도인은 하늘에 계신 아버지를 갖고 있다고 믿습니다. 그분은 매일 인자한 손을 펴시고 살아 있는 모든 생물을 만족케 하십니다.[07] 복 주시면서 말입니다. 그러나 그리스도인이 구하는 것은 만족하게(배부르게) 되는 것이 아니라, **하늘의 아버지**입니다. 새가 먹는 만큼의 적은 양으로는 그가 먹고 살 수 없다는 점에서 새와 구별되는 것이 아니라, "떡으로만"[08] 살 수 없다는 점에 의해 새와 구별됩니다. 그리스도인은 만족을 주는 복이 있다고 믿습니다. 그러나 <u>그가 구하는 것은 만족하게(배부르게) 되는 것이 아니라, 복입니다.</u>

그는 참새 한 마리라도 하늘 아버지의 뜻이 아니면 땅에 떨어지지 않는다는 것을 믿습니다.[09] 그러나 어떤 새도 이런 사실에 대해서는 아무것도 모릅니다. 새에게 이것이 이렇다는 것을 말한다 한들 무슨 소용이 있겠습니까! 그리스도인은 여기 이 땅에 사는 동안 일용할 양식을 받는 것처럼, 언젠가 저 세상에서 복을 누리며 살 것이라는 것을 믿습니다.

이것이 그가 "삶이 음식보다 더 중요하다"[10]라는 구절을 설명하는 방식입니다. 이 세상에서의 삶temporal life이 음식보다 더 중요하다면, 영원한 삶은 먹고 마시는 것과는 전혀 비교할 수가 없습니다. 하나님의 나라가 먹는 것과 마시는 것으로 구성될 수 없듯,[11] 사람의 삶 역시 이런 것들로 구성될 수 없습니다!

거룩한 삶이란 여기 이 땅에서 가난한 삶을 영위하는 것을 그는 언제나 명심합니다. '그분'은 광야에서 굶주리셨고 십자가에서 목마르셨다는 것을 명심합니다. 그리하여 사람은 가난하게 살 뿐만 아니라 가난 중에 '살 수 있다'는 것을 명심합니다.[12]

따라서 그는 일용할 양식을 위해 기도하고 감사합니다. 새는 이것을 하지 않습니다. 그러나 그리스도인에게 기도와 감사는 먹고 마시는 것보다 더 중요합니다. 왜냐하면 "아버지의 뜻을 행하는 것이 그리스도의 양식"[13]이듯이, 그에게 있어 기도와 감사가 그의 양식이기 때문입니다.

그렇다면, 가난한 그리스도인이 부한가요? 그렇습니다, 그는 진실로 부합니다. 새는 가난한 중에도 가난의 염려가 없습니다. 인정하다시피, 가난한 새는 이방인이 아닙니다. 따라서 역시 가난하지 않습니다. 아무리 가난해도, 새는 가난하지 않은 것입니다. 그러나 새는 그리스도인도 아닙니다. 이런 점에서 새는 여전히 가난합니다.

오, 가난한 새여, 새는 형용할 수 없을 만큼 가난합니다! 기도할 수 없다는 것은 얼마나 가난한가요! 은혜를 모르는 배은망덕한 자처럼 모든 것을 받는 것은 얼마나 가난한가요! 곧, 생명의 은인을 위해 존재하지 않는 것은 얼마나 가난한가요!

기도할 수 있는 것, 감사할 수 있는 것, 물론 이것은 은인을 위해 존재하는 것입니다. 그렇게 존재하는 것이 '사는 것'입니다.

가난한 그리스도인의 부함이란 정확히 이 하나님, 단 한 번도 그에게 이 땅의 부함을 허락하지 않는 '그 하나님 The God**'을 위해 존재하는 것입니다. 오, 아닙니다. 날마다 일용할 양식을 허락하신 그 하나님을 위해 존재하는 것입니다.**

날마다! 그렇습니다. 날마다 가난한 그리스도인은 은인을 깨닫는 때를 갖습니다. 기도하고 감사할 때를 갖습니다. 그의 부함이란 기도하고 감사할 때마다 더욱 증가합니다. 그가 하나님을 위해 존재하고 하나님이 그를 위해 존재하는 일이 더욱 명백할 때 그의 부함은 증가합니다. 반면에 부한 자가 기도와 감사를 잊을 때마다 이 땅의 부함은 점점 더 가난해집니다.

아, 평생 동안 단 한 번에 그의 몫을 받는 것은 얼마나 가난한가요! 그러나 '날마다' 그의 몫을 받는 것은 얼마나 부한가요! 날마다 자기가 받은 것을 잊는 때를 갖는 것은 얼마나 의심스러운가요! 그러나 날마다 자기가 받은 것을 기억하는 일은 얼마나 복된 일인가요! 곧, 은인을 기억하는 일, 그의 하나님, 그의 창조주, 그의 공급자, 하늘의 계신 그의 아버지를 기억하는 일은 얼마나 복된 일인가요!

따라서 그 사랑을 기억하는 일은 얼마나 복이 있는 일인가요! 이로 인해 살 만한 가치가 있습니다. 이 사랑을 위해 사는 것만이 살 만한 가치가 있습니다!

그렇다면, 가난한 그리스도인은 진실로 부한가요? 그렇습니다. 그는 확실히 부합니다. 실제로 당신은 다음과 같은 사실로 그가 부하다는 것을 알 수 있습니다. 그는 이 땅의 가난에 대하여 말하려는 것이 아닙니다. 오히려 자신의 가진 하늘의 부함heavenly wealth에 대하여 말하기 원합니다.

따라서 가끔 그의 말이 이상하게 들릴 수 있습니다. 그의 주변의 모든 것들이 그에게 가난을 생각나게 하는 반면, 그는 자신의 부함에 대하여 말합니다. 아, 이것이 그리스도인 말고 누구도 그를 이해하지 못하는 이유입니다.

경건한 은둔자에 대한 이야기가 있습니다. 그는 살았으나 세상에 대하여는 죽은 자였습니다. 그는 오랜 세월 동안 가난하게 살기로 맹세했던 것을 지켰습니다. 그러던 그는 부자와 우정을 쌓았고 부자는 그를 위해 헌신했습니다. 어느 날 부자가 죽고 그의 전 재산을 이 은둔자에게 물려주었습니다. 이 은둔자는 이후로도 오랜 세월 동안 일용할 양식으로 살았습니다. 그러다 어떤 사람이 이 은둔자에게 와서 이런 사실을 알렸습니다. 그때 그는 대답했습니다.

"이건 오해임에 틀림이 없소. 나는 그보다 이미 오래 전에 죽었는데 어떻게 그가 나에게 재산을 상속할 수 있겠소!"[14]

이 부함이 저런 부함과 나란히 놓고 보면 얼마나 가난한가요! 이 땅의 부함이란 죽음과 관계할 때, 언제나 가난한 것 같습니다. 그렇지만 그리스도인은 가난한 중에도 가난의 염려가 없습니다. 또한 그리스도인은 이 세상에서 이 세상에 대하여 죽었습니다. **따라서 그는 살고 있습니다.**

죽음에 의해 새는 사는 것을 멈춥니다. 그러나 그리스도인은 죽음으로 삽니다. 온 세상의 부함이 그의 가난, 혹은 그의 부함과 비교할 때, 그토록 가난해 보이는 이유입니다. 사람이 사는 동안 아무리 세상의 부함을 다 이용할 수 있다 해도 말입니다. 누구나 알다시피, 죽은 사람은 돈을 필요로 하지 않습니다. 하지만 돈을 싫어하는 살아 있는 사람은 실제로 돈이 필요합니다. 곧, 그는 아주 부자가 되든가.―이 경우, 더 많은 돈이 필요합니다.―그렇지 않다면, 가난한 그리스도인이 되든가 해야 합니다.

그때 가난한 그리스도인이 부하다면, 그는 새를 닮지 않았습니다. 새는 가난하지만 가난하지 않습니다. 그러나 그리스도인은 가난하지만 가난하지 않고 부합니다. 새는 낮은 자리에 대한 염려가 없습니다. 새는 그런 자리를 구하지도 않습니다. 뿐만 아니라 높은 자리를 구하지도 않습니다. 새에게는 그런 염려가 없습니다. 새의 삶은 누군가의 걱정의 대상이 아닌 것처럼 보입니다. 하지만 그리스도인은 말하자면 하나님과 몫을 나눕니다. 그리스도인은 먹고 마시는 일과 이 모든 것들을 하나님이 돌보실 수 있도록 맡기는 반면, "하나님의 나라와 의"를 구합니다.[15]

새는 가난의 염려에 짓눌리는 일 없이 하늘 높이 저 구름 속으로 날아오릅니다. 그러나 그리스도인은 새보다 더 높이 날아오릅니다.

새는 마치 저 하늘을 향해 하나님을 찾고 있는 것처럼

보입니다. 하지만 그리스도인은 하나님을 이미 찾았습니다.

새는 마치 하나님을 찾기 위해 더 멀리, 더 높이 날아가는 것처럼 보입니다. 하지만 그리스도인은 이미 하나님을 찾았습니다.

세상에, 얼마나 복이 있습니까! 그가 여기 이 땅에서 하나님을 찾았습니다! 새는 하늘로 날아간 것 같지만 하늘은 여전히 닫혀 있는 것처럼 보입니다. 오직 그리스도인에게만 하늘은 열려 있습니다!

이방인에게는 이 염려가 있습니다.

따라서 당신은 염려하며 다음과 같이 말하지 말아야 합니다. 우리가 무엇을 먹어야 할까? 무엇을 마셔야 하지? 이 모든 것들은 이방인들이 구하는 것입니다. 그렇습니다. **이방인은 그런 것들에 대해 염려합니다.**

새는 가난하지만 가난의 염려가 없습니다. 새는 침묵합니다. 그리스도인은 가난해도 가난의 염려가 없습니다. 그는 가난에 대하여 말하는 것이 아니라 오히려 그의 부함에 대하여 말합니다. [16]이방인에게는 가난의 염려가 있습니다. 그는 가난한 중에 염려 없이 사는 것이 아니라, "세상에서 하나님 없이 삽니다."[17] (한 쪽은 다른 한 쪽과 정확히 일치합니다.)

보십시오, 이것이 그가 염려하는 이유입니다. 그는 태평한 새처럼 침묵하지 않습니다. 그는 그리스도인처럼 말하지 않습니다. 그리스도인은 자신의 부함에 대하여 말합니다. 이방인은 가난과 가난의 염려 말고는 아무것도 알지 못하며 그것 말고는 갖고 있는 것이 없습니다. 그는 묻습니다.

"내가 무엇을 먹지? 무엇을 마셔야 하지? 오늘, 내일, 모레, 이번 겨울에, 다음 봄에, 내가 늙었을 때, 나와 가족 그리고 온 나라, 우리는 무엇을 먹고 마셔야 하지?"

슬프군요, 그는 단지 힘든 순간에만 이런 것을 묻고 그것에 대해 회개하는 것이 아닙니다. 힘들 때 이런 질문을 하고 하나님께 용서를 구하며 기도하는 것이 아닙니다. 아니, 세상에서 그는 하나님 없이 살고 있으며 저 질문을 하며 거드름을 피웁니다. 단지 그는 저 질문으로 적당한 삶의 문제를 요청한 것입니다. 저런 생각으로 그는 스스로 굉장히 중요해졌습니다. 오로지 저 삶의 문제에만 사로잡혀 있습니다. 저 삶의 문제로 사로잡혀 있는 그에게 무언가 결핍된 것이 있다 해도 공공기관이 그를 막을 도리가 없다는 것을 그는 압니다. (그는 하나님과는 아무런 관계가 없으니까 말입니다.)

저 삶의 문제에 대해 아무런 생각이 없거나, 적어도 그를 돕는 데 무관심한 자가 있다면, 이방인은 이 사람을 몽상가로 간주했을 것입니다. 이런 가장 심오한 삶의 문제와 비교할 때, 가장 고차원적이고 거룩한 것을 도리어 착각과 허영으로 여깁니다. 어른에게 새와 백합을 언급하는 것은 어리석은 짓으로 생각합니다. 도대체 본다는 것이 무엇인가요! 그들에게 무엇을 배울 것인가 말입니다!

그와 비슷한 생각을 갖고 있는 자가 삶의 진지함이 무엇인지 배운 자였다면, 그가 사람이고 시민이고 아버지였다면, 마치 그가 신경 쓸 만한 아무것도 없는 자인 것처럼 백합과 새를 생각할 수 있도록 보냈다면, 그것은 그에게 어리석은 농담, 유치한 변덕과 같았을 것입니다. 그는 말합니다.

"그것이 어떤 품위에서, 나의 아이들을 위한 존경에서 나온 것이 아니라면, 관습을 따라 신앙적으로 그들을 지도했다 하더라도, 나는 직설적으로 말하겠어. 성서에는 이 가장 중요한 질문에 대해 대답할 수 있는 것이 거의 없다고. 유익이 될 만한 것도 거의 전무하지. 가끔 눈에 띄는 격언이 있긴 하지만 말이야. 우리는 그리스도에 대해, 사도에 대해 읽기는 하지만 저 삶의 질문에 대해 적절한 대답을 내놓는 경우를 눈곱만큼도 찾을 수 없거든.

무엇을 먹고 살아야 하는 지는 기본적인 문제라고. 누구나 공과금과 세금을 내야 해. 지불해야 할 사용료도 있다고. 적당한 때에 기적적으로 이런 부족의 문제를 해결할 수 있다고? 그건 이 질문에 대한 의미 없는 대답일 뿐이야. 그것이 사실이라도 무엇을 입증하겠는가!

어떤 해결책에 대해 더 진보된 생각은 하지도 않으면서 세금 내야 할 때가 왔을 때 제자들이 물속에 있는 물고기의 입에서 내야 할 동전을 가져오는 것,[18] 그것이 사실이더라도 무엇을 입증하겠는가 말이야!

나는 전반적으로 성서가 진지함을 놓치고 있다는 게

아쉬워. 진지한 문제에 대한 진지한 대답 말이야. 진지한 사람은 코미디에 나오는 것처럼 바보취급 당하기를 원치 않을 거야. 설교자들이 그런 것들에 대하여 여자들과 아이들에게 수다 떨게 하자. 그러나 모든 진지하고 교양 있는 자들은 은밀하게 내가 하는 말에 동의할 테지. 진지한 사람들이 함께 모이는 곳, 저 대중들의 모임에서, 그들은 현실에 대한 이해를 갖고 있는 지혜로운 자들sagacity만 존경한다고."

이방인들도 이와 마찬가지입니다. 이교도는 이 세상에서 하나님 없이 살고 있으니까요. 그러나 이교도가 믿음이 없다ungodliness는 것을 입증하는 것은 기독교입니다. 믿음이 없다는 것이 기독교적인 것이 아니더라도 그렇게 염려해야 하는 것은 아닙니다. 믿음이 없다는 것은 다른 무언가를 알기를 전혀 원치 않는 것입니다. 이런 염려가 죄라는 것을 알기 전혀 원치 않는 것입니다. 따라서 성서가 "방탕함과 술취함으로 마음에 짐을 지우는 것처럼 생계에 대한 염려로 마음에 짐을 지울 수 있다"(눅 21:34)고 말한 것을 알기 원치 않는 것입니다.

인생의 모든 곳에는 갈림길이 존재합니다. 사람은 누

구나. 언젠가 처음으로 갈림길에 섭니다. 이것이 그의 완전성perfection이나 장점은 아닙니다. 그가 마지막에 선 자리는 그의 선택과 그의 책임입니다. (마지막에 갈림길에 선다는 것은 불가능하니까요.) 가난 중에 있으면서 가난을 피할 수 없는 자에게, 갈림길이 존재합니다. 곧, 이것입니다.

기독교적으로 위를 향해 저 "길Way"[19]을 의지함으로 가난의 염려를 피하든가, 믿음이 없이 아래를 향해 잘못된 길을 의지함으로 가난의 염려에 빠지든가.

영원의 관점에서 볼 때, 두 개의 길은 존재하지 않습니다. 갈림길이 있다 하더라도, 오직 하나의 길밖에는 없습니다. 다른 길은 잘못된 길입니다. 그가 가난의 염려에 더 깊이 빠지면 빠질수록, 하나님과 더욱 멀어지고 본질적으로 기독교적인 것과 점점 더 멀어집니다. 더 고차원적인 것을 알기 원치 않을 때, 가장 깊이 침몰합니다. 그때 그는 오히려 이 염려가 가장 무거울 뿐만 아니라, 가장 고차원적인 것이 되기를 원합니다. (그러나 사실 이 염려는 그렇지 않습니다. 왜냐하면 가장 무거운 것은 회개의 고통이기 때문입니다.)

부하기 원하는 자들은 많은 시험과 올무에 빠지고 맙니다.[20] 가난의 염려란 부하기를 원하는 것 말고 무엇이 있겠습니까! 아마 이 염려는 즉각적으로 부를 요구하지는 않습니다. 어쩔 수 없는 곤궁과 불가능에 직면할 때, 이 염려는 당분간 적은 것에 만족합니다. 하지만 현재의 소원이 충족된다면, 그래서 장밋빛 비전이 생긴다면, 끊임없이 점점 더 많은 것을 갈망합니다.

가난의 염려가 영적으로 치유되기를 원치도 않으면서 (그리고 이 경우 치유는 조금 더 많은 것만큼이나 조금 더 적게도 시작할 수 있습니다), 누군가 부를 획득하기 전에 만족할 수 있는 조건을 찾게 될 것이라고 생각하는 것은 착각입니다. 어쨌든 가난의 염려는 부함으로도 만족할 수 없습니다.

오, 얼마나 머나먼 길이 가난의 염려 앞에 놓여 있나요! 이 길에는 어디든지 시험이 교차하고 있다니 얼마나 가장 끔찍한 일인가요! 우리 모두는 어디로 가든 위험한 중에 걷습니다.[21] 그러나 부하기를 원하는 자는 어디로 가든 시험 중에 걷습니다. 이런 시험에 빠지는 것을 피할 수 없습니다. 하나님께서 그를 시험으로 인도한 것이 아니라, 스스로 시험 가운데로 내던진 것입니다. 가난 중에 있는 자는 이미 어려운 위치에 있으나 결단코 하나님에 의해 버림받는 것은 아닙니다.

구원이란 명령받는 것, 곧 염려 없이 존재하는 것입니다. 하나님께서 명령하신 구원만이 참된 구원입니다. 그것은 명확히 구원이 된다는 점에서 인식됩니다. 또한 "명령받은 것"이기 때문에 그렇게 됩니다.

염려하지 않는 것, 이것은 어려운 걸음입니다. 마치 물 위를 걷는 것과 같습니다. 그러나 당신이 믿을 수만 있다면, 그대로 될 수 있습니다.[22] 모든 위험과 관련하여, 중요한 것은 위험에 대한 생각에서 벗어나는 것입니다. 지금 당신은 가난에서 벗어날 수 없습니다. 하지만 끊임없이 하나님에 대하여 생각함으로써 가난에 대한 생각에서 벗어날 수 있습니다. 곧, 이것이 그리스도인이 그의 길을 걷는 방식입니다.

그는 시선을 위로 향하고 위험에서 눈을 돌립니다. 그리하여 그는 가난하지만 가난의 염려가 없습니다. 그러나 부하기를 원하는 자의 생각은 끊임없이 이 땅에 있습니다. 염려하는 중에 이 땅에 삽니다. 염려와 함께 이 땅에 삽니다. 고개를 숙이고 걷습니다. 부를 찾을 수 있도록 끊임없이 앞을 봅니다. 그는 언제나 앞만 보고 있습니다. 슬프지만, 이것이 일반적으로 시험을 피하기 위한 최선의 방법입니다.

하지만 그는 이것을 모릅니다. 그렇습니다. 그에게 앞만 보고 걷는 것은 함정에 빠지는 방법이라는 것, 시험을 점점 더 크게 하는 방법이라는 것, 점점 더 깊이 시험 속에 빠지는 길이라는 것, 그는 이것을 모릅니다. 그는 이미 시험의 포로입니다. 시험의 권세 아래 있습니다. 왜냐하면 **염려란 시험이 부리는 가장 기발한 종**이기 때문입니다. 시험은 "그런 모든 것들은 이방인이 구하는 곳"인 여기 이 땅에 달려듭니다. 시험이 이 땅에 덮칩니다. 시험으로 인해 사람이 눈을 아래로 뜰수록, 그의 파멸은 더욱 확실해집니다.

본질적으로 수많은 시험이 될 수 있는 '**시험**'이란 무엇인가요? 먹기 위해 사는 것이 폭식가의 시험이 아닙니다. 절대 아닙니다. (하나님의 질서에 대한 얼마나 큰 반역인가요!) **시험이란 노예처럼 일하기 위해 사는 것입니다.** 시험이란 이것입니다. 자기 자신을 상실하는 것, 그의 영혼을 잃어버리는 것, 사람이 되기를 멈추는 것, 새보다 더 자유로운 존재인 사람으로 살기를 멈추는 것, 짐승보다 더 비참하게 노예처럼 일하며 하나님께 버림받는 것! 그렇습니다. 노예처럼 일하기!

모든 사람이 명령받는 것으로 **일용할 양식을 위해 일하는 대신에, 일용할 양식을 위해 노예처럼 일하기.** 그럼에도 불구하고 그것에 만족하지 못합니다. 왜냐하면 염려는 부하게 되는 것이기 때문입니다.

일용할 양식을 위해 기도하는 대신에, 일용할 양식을 위해 노예처럼 일하기. 그리하여 사람들의 노예, 염려의 노예가 됩니다. 일용할 양식을 위해 기도해야 할 대상이 하나님이라는 것을 망각합니다.

가난하지만 하나님께 사랑받고 있는 **자신을 원하는 대신에,** 자기 자신 안에서 행복하지도 않고, 하나님 안에서도 행복하지 않으며, 자신과 삶을 저주하여 밤낮으로 우울한 슬픔 중에 이렇게 노예처럼 일하기! 어둡고 우울한 낙담 속에, 정신없는 분주함 속에서 이렇게 노예처럼 일하기! 생계에 대한 염려로 마음의 짐을 갖는다니, 가난할지라도 탐욕에 마음을 빼앗긴다니 얼마나 큰 저주인가요!

결론으로 새를 생각해 봅시다.

결국 새는 저 복음 속에 존재합니다. 또한 여기 이 강화에 있어야 합니다. 이방인의 불경건한 우울과 비교한다면, 새는 가난 중에 있어도 가난의 염려가 없습니다. 이것이 새의 태평함입니다. 그리스도인의 경건한 믿음과 비교한다면, 새의 태평함은 경솔합니다.

새의 가벼움과 비교한다면, 이방인은 돌과 같은 무거운 짐을 지고 있습니다. 그리스도인의 자유와 비교한다면, 새는 여전히 중력의 법칙에 영향을 받고 있습니다.

살아 있는 새와 비교한다면, 이방인은 죽었습니다. 그리스도인과 비교한다면, 진실로 새가 살아 있다고 말할 수 없습니다.

침묵하는 새와 비교한다면, 이방인은 수다스럽습니다. 그리스도인과 비교한다면, 이방인은 말 못하는 자입니다. 그는 기도하지도, 감사하지도 못하니까요. 그러나 기도와 감사는 가장 심오한 의미에서 인간의 언어입니다. 따라서 말을 배운 새와 인간과 관련이 있는 것처럼, 다른 모든 것, 이방인이 말한 모든 것은 인간의 언어와 관련이 있습니다.

새는 가난하지만 가난하지 않습니다. 그리스도인은 가

난하지만 가난하지 않고 부합니다. 이방인은 가난하고, 가난하고, 또 가난합니다. 가장 가난한 새보다 더 가난합니다.

가난은 그가 스스로 말할 수 있는 유일한 것으로, 그가 너무 가난해서 다른 사람이 그에 대하여 말할 수 있는 유일한 것도 가난 밖에 없는 자, 그는 누구입니까? 이방인입니다. 기독교의 교리에 따르면, 다른 어떤 사람도 가난하지 않습니다. 누구도. 새도 그리스도인도. 가난한 중에 부하기를 바라는 것, 이것은 머나먼 길입니다. 새의 지름길이 가장 짧은 지름길이라면, 그리스도인의 길은 가장 복된 길입니다.

참고 자료

01 초안 자료를 보면 다음과 같다.

   사람은 살기 위해 약간의 것이 필요하다. 그러나 그에게 이 약간의 것도 없다면, 삶에서의 그의 상태는 가난이다. -Pap. VIII2 B 91:6 n.d., 1847-48

02 요한복음 9:25, "대답하되, 그가 죄인인지 내가 알지 못하나 한 가지 아는 것은 내가 맹인으로 있다가 지금 보는 그것이니이다"

03 마태복음 6:11, "오늘 우리에게 일용할 양식을 주시옵고"

04 이 부분은 일용할 양식을 출애굽기에 등장하고 있는 만나와 비교하고 있는 것이다. 만나는 이스라엘 민족이 이집트를 탈출한 후, 약 한 달이 지나 신광야에 도착했을 때 하나님께서 주신 하늘의 양식이었고, 일용할 양식이었다. 출애굽기 16장을 참고하라.

05 소크라테스를 의미한다.

06 이 부분은 철학에서 말하는 "실존"과 관련하여 생각해 볼 필요가 있다. 단순히 살기 위해 먹거나 먹기 위해 사는 것만으로는 사는 것이 아니다. 이런 삶은 하이데거가 말하는 "존재 자체"를 위한 삶이다. 이런 점에서 이 글은 "그리스도인의 존재론Ontology"라 말할 수 있다.

07 시편 145:16, "손을 펴사 모든 생물의 소원을 만족하게 하시나이다"

08 마태복음 4:4, "예수께서 대답하여 이르시되, 기록되었으되 사람이 떡으로만 살 것이 아니요, 하나님의 입으로부터 나오는 모든 말씀으로 살 것이라 하였느니라 하시니"

09 마태복음 10:29, "참새 두 마리가 한 앗사리온에 팔리지 않느냐 그러나 너희 아버지께서 허락지 아니하시면 그 하나도 땅에 떨어지지

아니하리라"

10 이 부분이 한글 개역 성경에는 "목숨"으로 되어 있으나 영어로는 "life(삶)"이다.

11 로마서 14:17, "하나님의 나라는 먹는 것과 마시는 것이 아니요 오직 성령 안에 있는 의와 평강과 희락이라"

12 이 부분은 그리스도인이 언제나 가난하게 살아야 함을 의미하는 것이 아니다. 키르케고르는 가난, 풍요, 비천, 고귀를 제거하는 것을 목표로 하지 않는다. 가난하지만 그럼에도 가난에 대한 염려를 극복할 수 있다는 것이다. 하지만 5장의 오만의 염려는 다르다. 오만은 오만 자체를 제거하는 것을 목표로 한다.

13 요한복음 4:34, "예수께서 이르시되, 나의 양식은 나를 보내신 이의 뜻을 행하며 그의 일을 온전히 이루는 것이니라"

14 성 아르세니우스St. Arsenius를 가리킨다. 그는 콘스탄티노플의 교황이었고, 젊은 후계자 요한의 눈을 뽑은 미카엘 팔레올로구스 황제를 파문했다. 다음 자료를 참고하라. Abraham à St. Clara, *Sämmtliche Werke,* I-XXII(Passau, Lindau: 1833-54; ASKB 294-311), XV, 276.

15 마태복음 6:33, "그런즉 너희는 먼저 그의 나라와 그의 의를 구하라 그리하면 이 모든 것을 너희에게 더하시리라"

16 이 부분부터 63쪽까지는 다음 자료를 참고하라.

> 내가 삶의 진지함에 대해 잔인하게 말함으로 묘사했던 것(이방인의 염려의 첫 번째 강화에서)은 즉각적으로 볼 수 있듯, 가난한 자로 일컫는 것이 아니다. 그런 사람이 그런 식으로 말하는 일은 나에게 일어날 수 없다. 아니, 그는 일종의 기자다. 아마도 사치스럽고, 풍족하게 사는 사람들 중의 하나이고, 가난에 대해 글을 쓰며 먹고 사는 자이다. -JP V 6120 (Pap. VIII1 A 589) n.d., 1848

17 에베소서 2:12, "그 때에 너희는 그리스도 밖에 있었고 이스라엘 나라 밖의 사람이라 약속의 언약들에 대하여는 외인이요, 세상에서 소망이 없고 하나님도 없는 자이더니"

18 마태복음 17:27, "그러나 우리가 그들이 실족하지 않게 하기 위하여 네가 바다에 가서 낚시를 던져 먼저 오르는 고기를 가져 입을 열면 돈 한 세겔을 얻을 것이니 가져다가 나와 너를 위하여 주라 하시니라."

19 요한복음 14:6, "예수께서 이르시되, 내가 곧 길이요, 진리요, 생명이니, 나로 말미암지 않고는 아버지께로 올 자가 없느니라."

20 디모데 전서 6:9, "부하려는 자들은 시험과 올무와 여러 가지 어리석고 해로운 욕심에 떨어지나니 곧 사람으로 파멸과 멸망에 빠지게 하는 것이라."

21 이 부분은 Brorson의 찬송가인 "내가 어디로 가든 위험한 중에 걷는다"(1734년)를 암시하고 있다. 다음을 보라. Hans Adolph Brorson, "Jeg gaaer i Fare, hvor jeg gaaer," *Psalmer og aandelige Sange,* ed. Jens Albrecht Leonhard Holm (Copenhagen: 1838; ASKB 200), 168, stanza 1, p. 513.

22 마태복음 14:25-31, 마가복음 6:49을 참고하라.

이 부분은 주님께서 물 위를 걸으셨던 사건과 관련이 있다.

Chapter
2

풍요의 염려
Overflodens Bekymring

그러므로 염려하여 이르기를,
"무엇을 먹을까, 무엇을 마실까,
무엇을 입을까?" 하지 말라.
이는 다 이방인들이 구하는 것이라.

이 염려가 새에게는 없습니다.

그러나 풍요는 염려인가요? 완전히 다른 것에 대하여 똑같이 말하는 것은 아마도 교묘한 풍자일 뿐일 것입니다. 가난과 풍요에 대하여 똑같이 말하는 것, 복음이 말한 것처럼 동일하게, 아, 오히려 풍요가 풍요 중에 염려인 것처럼 똑같이 말하는 것 말입니다. 결국, 사람은 재물과 풍요가 염려로부터 자유롭게 해줄 것이라고 생각합니다. 그러나 역시 재물에 대한 염려로부터도 자유로울 수 있을까요?

재물과 풍요는 염려의 보호자처럼 가장하고 위선자처럼 양의 탈을 쓰고 나타나지만, 스스로 염려의 대상, **염려 자체가 됩니다**. 이것은 마치 양의 보호자가 된 늑대가 늑대로부터 양을 보호하는 것처럼, 재물과 풍요가 염려로부

터 사람을 보호하는 것과 같습니다.[01]

그렇지만 새에게는 이 염려가 없습니다. 새는 가난한가요? 아니, 우리는 이전의 강화에서 이것을 명확히 다루었습니다. 그럼, 새는 부한가요? 새가 부하다면, 부함에 대하여 무지해야 합니다. 새가 부하다면, 그것에 대해 알지 못해야 합니다. 혹은 새는 어디에 그 창고를 숨겨둔 것인가요? 모든 땅 주인들과 모든 농부들 각자가 자신의 창고 옆에 서서 "아니, 그만 와. 이것은 내 거야."라고 말한다면, 새가 소유하고 있는 창고는 도대체 어디에 있는지요?[02]

따라서 새는 소유에 대한 염려, 풍요에 대한 염려가 없습니다. 다른 새들은 얼마나 더 많이 소유했는지, 어떤 다른 새들은 적게 소유했거나 아무것도 없었는지에 대한 염려가 없습니다.

그렇다면, 새는 어떻게 살고 있습니까? 매일 충분한 양을 정확히 측정하여 할당하시는 분은 하나님이십니다. 그러나 새가 더 많이 갖거나, 더 많이 갖기를 바라거나, 풍부함 가운데 있기를 바라는 일은 절대 일어나지 않습니다. 하나님께서 매일 주시는 양은 충분합니다. 새는 '충분함' 그 이상 이하도 얻기를 바라지 않습니다. 하나님께서 매일 새에게 할당했던 저울, 이 같은 저울, 내가 이런 식으로 표현하자면, 이 저울이 저 새의 입 속에도 있습니다.

새는 하나님이 측정하듯이, 같은 저울로 측정합니다. 하나님은 새에게 '충분하게' 주십니다. 그래서 새는 측정하면서 말합니다.

"이것은 나에게 충분해."

작은 새는 이슬 방울로 목을 축여도, 그것으로 충분합니다. 가장 큰 호수에서 물을 마셔도, 같은 양을 얻을 뿐입니다. 새는 보고 있는 모든 것, 전체 호수를 가지려고 주장하지 않습니다. 왜냐하면 호수에서 이미 충분한 물을 마셨으니까요. 자신의 모든 삶을 보호받기 위해 호수를 가지려고 주장하지 않습니다.

추수 때가 돌아와, 새가 가장 많은 양을 얻을 기회를 갖는다 해도, 그 풍부함^{Overflod}이 무엇인지, 남아돈다^{overflødig}는 지식은 무엇인지 알지 못합니다. 저 숲속에서 새가 둥지를 틀고 가족과 함께 산다면, 그곳에는 새와 그 가족에게 필요한 가장 크고 가능한 모든 것들에 대한 풍요가 있습니다. 그럼에도 불구하고, 그들이 아무리 거기에 오래 산다 해도, 새는 풍요를 모릅니다. 그의 아내도, 자식도 마찬가지입니다.

만일 누군가, 누군가 풍요하다면, 그럼에도 불구하고 풍요가 무엇인지 모른다면, 풍요가 염려가 될 수 없습니다. 새가 먹고 마셨을 때, "다음에는 무언가를 어떻게 얻어야 한담?"이라는 생각이 새에게 생길 수 없습니다. 따라서 가난한 새는 가난하지 않습니다. 또한 새는 "남은 것으로 무엇을 해야 한담"이라는 생각이 일어날 수 없습니다. 저 전체 호수가 있다 해도, 남아도는 곡식의 거대한 양이 있다 해도, 새에게는 낱알 세 톨이면 '충분'합니다. 새는 소유하지 않으며, 풍요를 소유하는 법이 없습니다. 따라서 새에게는 이 염려가 없습니다.

때가 차고 갈망이 일어날 때, 이제 훌쩍 떠나야 할 때, 새는 안식처였던 둥지를 버립니다. 그가 소유하고 갖고 있었던 모든 것을 버립니다. 아무리 열심히 기술적으로 잘 지은 둥지라 해도, 운 좋게 가장 좋아하는 장소를 찾아 지은 곳이라 해도, 앞으로 결코 그와 같은 장소를 다시 찾을 수 없다 해도, 새는 생각합니다.

"한 날의 괴로움은 그 날로 충분해. 미리 괴로워할 이유가 없지."[03]

그러곤, 그는 훌쩍 떠나 버립니다. 새는 나그네입니다. 떠나가지 않는 새가 있다 해도, 여전히 나그네입니다. 따라서 새는 풍요와 아무 관련이 없고, 풍요의 염려와도 아무 관련이 없습니다.

따라서 새에게 풍요가 없다는 것, 풍요의 염려도 없다는 것은 새의 본질적 특성입니다. 자본가가 말하기를, 금화 한 통을 얻기가 가장 어렵다고 합니다. 일단 그것을 얻고 나면 나머지는 저절로 따라온다지요. 그러나 풍부하게 모을 수 있다는 생각과 함께 얻는 첫 번째 동전은 실제로는 선불인 것입니다. 그러나 새는 아무것도 원하지 않습니다. 심지어 풍부함 중에 동전 한 닢도 원하지 않습니다. 왜냐하면 나머지를 피하기 위해서 입니다. (물론 이것은 저절로 따라옵니다.) 그것은 염려입니다.

가장 꼼꼼하고도 정확하게, 새는 언제나 '충분히' 얻습니다. 결코 조금 더 얻는 법은 없습니다. 왜냐하면 눈곱만큼도 풍부함에 대한 이 애매한 지식과 접촉하지 말아야 하니까요. 가난할 때, 새는 가난에 대한 염려가 없습니다. 또한 풍요의 염려에 저항하기 위해 신중하게 자신을 보호해 왔습니다.

그러나 새는 어떻게 선생인가요? 가르칠 만한 점은 어디에 있나요? 물론, 새는 재물과 풍요의 염려를 피하기 위해한 가장 확실한 방법을 우리에게 가르칩니다. 다시 말해, 우리가 나그네라는 것을 명심하면서 부와 풍요를 끌어모으지 않는 방법을 가르치는 것입니다.

다음으로 그는 이 강화의 특별한 점이 있는 무언가를 가르칩니다. 다시 말해, 풍요로움 중에도 나그네라는 것을 명심하고 풍요에 대하여 무지할 수 있도록 가르칩니다. 새는 저 고대의 단순한 현자처럼,[04] 무지의 스승입니다. 아름답고도 아름다움을 알지 못하는 것은 얼마나 어려운가요! (그럼에도 불구하고 새와 백합은 할 수 있는 것입니다.) 풍요롭지만 풍요를 모르는 것은 얼마나 훨씬 더 어려운가요! 그러나 풍요할 때에도, 새는 마치 풍요가 없는 것처럼 풍요에 대하여 무지합니다.

그리스도인은 풍요에 대한 염려가 없습니다.

그렇다면, 그리스도인은 가난한가요? 모든 그리스도인은 가난한가요? 확실히 가난한 그리스도인들이 있습니다. 그러나 지금 우리는 그들에 대하여 말하는 것이 아닙니다.

우리는 부하고 풍요로운 부자 그리스도인에 대하여 말하고 있습니다. 우리는 여전히 그에게 이 염려가 없다는 점에 대해 말하고 있습니다. 다시 말해, 풍요로운 자에게 이 염려가 없다면, 무지를 통해서 말입니다. 그렇다면, 그는 새이거나, 그러고도 그가 사람이고 새와 같다면, 그는 그리스도인입니다.

그래서 **부한 그리스도인은 풍요롭지만 풍요에 대하여 무지합니다.** 따라서 그는 '**무지해진 것**'이 틀림없습니다. 무지한 것은 기술이 아닙니다. 그러나 "무지해지는 것, 그리하여 무지해짐으로서 무지한 것, 이것은 기술art, Kunsten[05]입니다. 그 정도로 그리스도인은 새와 다릅니다. 왜냐하면 새는 무지하니까요. 그러나 그리스도인은 무지해집니다.

새는 무지로 시작해서 무지로 끝납니다. 그리스도인은 무지하게 됨으로 끝납니다. 기독교적으로 이해할 때, 사람은 무엇인지에 대하여 질문하지 않습니다. **그가 무엇이 되어야 하는지에 대하여 질문합니다.** 그가 어떤 사람인지 묻는 것이 아니라, **어떤 종류의 사람이 되었는지 묻습니다.** 시작에 대하여 묻는 것이 아니라, 끝에 대하여 묻습니다.

그러나 이런 식으로 무지해지는 것은 오랜 시간이 걸

릴 수 있습니다. 조금씩 성공하는 것, 그래서 마침내 그가 알고 있는 것에 대하여 무지해지는 데 성공하는 것, 무지함으로 남고 계속 그런 식으로 있는 것, 그래서 그가 다시 쓰러지지 않고, 지식의 올무에 빠지지 않는 것, 이것은 어려운 과업입니다.

그리스도인은 풍요로울 때도 풍요가 없는 자처럼 있습니다.[06] 그래서 그때 그는 무지합니다. 다른 면에 있어서도 풍요가 없는 자처럼 있다면, 그에게 풍요가 없습니다. 그러나 원래 그리스도인은 사람입니다. 사람으로서 그가 이와 같을 수는 없습니다. 그는 그리스도인으로서 이렇게 되는 것입니다. **그가 더욱 그리스도인이 될수록, 풍요로운 자는 더욱 그렇지 않은 자처럼 존재합니다.**

특별히 무엇이 재물과 풍요를 빼앗을 수 있나요? 가난과 궁핍이 그럴 수 있습니다. 혹은 주셨던 하나님께서 빼앗을 수 있습니다.[07] 이런 일이 일어날 때, 전에 부자였던 사람이 실제로 가난해질 수 있습니다. 그러나 우리가 이것에 대해 말하는 것이 아닙니다. 부자가 그의 모든 재물과 풍요를 거저 줄 수 있는 것에 대하여 말하는 것도 아닙니다. 그렇다면, 그는 전에 부자였던 사람들 중의 하나였으니까요.

그러나 그가 여전히 재물과 부를 소유하고 있음에도 불구하고, 그에게서 재물과 풍요를 빼앗을 수 있는 것이 있을 수 있나요? 네, 그런 것이 있습니다! 도대체 그것이 무슨 힘입니까? 그것은 사상이고 사상의 힘입니다. 그러면 사상은 외재적인 방식으로 부자에게서 풍요를 빼앗을 수 있나요? 아니오, 사상은 그렇게 할 수 없습니다.

풍요와 관련하여, 사상은 부자에게서 **'소유의 생각'**을 빼앗을 수 있습니다. 이 재물과 풍요를 그가 '자신의 것'으로 가졌고 소유했다는 저 생각을 빼앗을 수 있습니다. 그러나 외재적인 의미에서, 사상은 그가 그 모든 재물을 지키고 있도록 허용합니다. 다른 어떤 사람도 그의 부와 풍요를 획득할 수 없습니다. 다른 어떤 사람도 이 재물이 부자의 것이라고 말해야 합니다.

이것이 사상이 일을 시작하는 방식입니다. 일단 사상이 이 일에 성공한다면, 부자가 이 사상을 따른다면, 자기 자신과 풍요를 걸고 이 사상의 힘에 완전히 항복한다면, 소유한 자가 소유하지 않은 자처럼 존재합니다. 바로 이것이 그리스도인이 행하고 있는 것입니다.

그렇습니다, 사상의 힘, 그것은 교활한 힘입니다! 이런 식으로 어떤 도둑도 훔칠 수 없습니다. 이런 식으로 어떤 강도도 강탈할 수 없습니다. 하나님도 이런 식으로 빼앗을 수 없습니다. 하나님이 부자에게서 사상과 이성의 힘을 빼앗을 때조차 이런 식으로 빼앗을 수 없습니다. 어떤 도둑도, 어떤 강도도 사상이 통치할 때 사상만큼이나 부자에게서 모든 것을 완전히 강탈할 수 없습니다.

그러나 어떻게 이런 일이 일어나는 건가요? 내가 내일 무엇을 먹고 살아야 할지 모를 때, 나는 아무것도 소유하고 있지 않다는 것이 사실 아닌가요? 내가 오늘 밤에 죽을 수도 있다고 생각할 때, "바로 오늘밤"[08]에 내가 아무리 부자여도, 나는 또한 아무것도 소유하고 있지 않습니다. 부자가 되기 위해서 나는 내일 무언가를 소유하고 있어야 합니다. '내일' 안전이 보장되어야 합니다. 그러나 부자가 되기 위해서, 또한 내일에 대한 확신을 가져야 합니다.

부를 제거해 보십시오. 그러면 나는 더 이상 부자라는 말을 들을 수 없습니다. 내일을 제거해 보십시오. 아, 나는 더 이상 부자가 아닌 것입니다. 부자가 되기 위해서는 무언가를 소유해야 할 뿐만 아니라 여전히 존재하고 있어야 합니다. 부자 그리스도인은 이것을 모릅니다. 내일 살아 있을 것인지. 혹은 그는 이것을 모른다는 것을 알고 있습니다. 근본적으로 모든 사람은 이것을 알고 있습니다. 그러나 그리스도인은 "바로 오늘"[09] 이것을 명심합니다. 그래서 그는 매일 이것을 모른다는 것을, 자신이 '바로 오늘밤'에 죽을지도 모른다는 것을 명심합니다.

게다가, 내가 아무것도 소유하고 있지 않다면, 따라서 아무것도 잃을 것이 없다면, 나는 부자가 아닙니다. 그러나 불행하게도 내가 잃어버릴 수 있는 것, 어떤 순간에 잃어버릴 수 있는 것을 소유할 때, 나는 부할 수 있나요? 내가 손에 아무것도 갖고 있지 않을 때, 또한 아무것도 움켜잡고 있지 않습니다. 그러나 내가 손가락 사이로 미끄러져 빠져나가는 무언가를 손에 잡고 있을 때, 이 잃어버릴 수 있는 것, 그때 나는 이것을 움켜잡고 있는 것일까요?

재물은 진실로 소유입니다. 그러나 본질적으로 잃어버릴 가능성이 있는 것을 실제로 소유하는 것, 혹은 잃어버릴 수 있는 것을 소유하는 것, 이것은 앉은 채로 일어서는 것만큼이나 불가능합니다. 이것이 착각이라는 것 말고, 사상은 머릿속에 아무것도 얻을 수가 없습니다. 다시 말해, 상실의 가능성이 재물의 본질적인 특성이라면, 그것을 잃어버린다 해도, 그 속에서 본질적인 변화가 일어나지 않는 것은 분명합니다. 잃어버림으로써 본질적인 변화가 일어나는 것이 아니니까요.

따라서 재물은 본질적으로 동일합니다. 그때 내가 재물을 소유하는 반면, 그것을 잃어버린다 해도, 본질적으로 동일합니다. 왜냐하면 재물은 모든 순간에 본질적으로 동일함에 틀림이 없기 때문입니다. 잃어버릴 때도 재물은 본질적으로 동일합니다. 소유할 때도 본질적으로 동일합니다. 그것은 잃어버릴 수 있습니다. 다시 말해, 더 고차원적인 의미에서 재물은 소유할 수 있는 것이 아닙니다. 이 소유에 관한 문제는 착각입니다.

정의justice에 대한 사상은 자신의 방식대로 모든 불법적인 물건들에서 소유의 생각을 빼앗을 수 있습니다. 그것을 강제로 빼앗거나 부정한 수단으로 강탈합니다. 그러나 **영원에 대한 사상**은 재물과 풍요에서 소유의 생각을 빼앗습니다. 그것을 아무리 합법적으로 소유하고 있다 해도 말입니다. 사상의 힘을 제외하고, 어떤 강제적 힘을 사용하지 않은 채, 공정한 수단으로 그렇게 합니다. 그 사람이 이 사상의 힘에 기꺼이 항복하기 바란다면, 그의 행복을 진심으로 바란다면 말이지요.

그렇습니다, 사상의 힘, 이것은 교활한 힘입니다. 사람이 보호받지 않는다면, 이 힘에 저항하며 수많은 방법으로 자신들을 보호하지 않는다면, 그들은 이 힘이 얼마나 교활한지 인정하게 될 것입니다. 그러나 그들은 또한 이 힘이 진리의 섬김을 받고 있기 때문에 교활하다는 것을 느끼게 될 것입니다.

먹잇감을 찾는 새의 날카로운 눈도, 구원하는 사상이 사냥감을 포착하는 것만큼이나 확실하고 빠르게 사냥감을 포착할 수 없습니다. 이 사상은 목표를 잘못 잡는 일이 없습니다. 그리하여 재물, 번영, 성공, 부로 일컬어지는 많은 것들과 다투지 않습니다. 이 사상은 언제나 **소유의 생각만**을 겨냥합니다. 그리스도인은 스스로 겨냥하고 이 목표를 회피하지 않습니다. 오히려, 이 치료가 가능한 한 더욱 깊은 상처가 될 수 있도록 협력합니다.

또한 다른 방식으로, 이 사상은 소유의 생각을 겨냥합니다. 내가 부자가 되기 위해서는 무언가를 소유하고 있어야 하고, 소유한 것은 내 것이어야 합니다. 그러나 내 것이 아닌 것을 소유하고 있다면 어떻게 될 것인가요! 보십시오, 여기에 모순이 있습니다. 사람들 간의 관계 안에서 이 모순의 싸움을 끝까지 싸울 수 없습니다.

재물이 내 것이 아니라면, 물론 나는 소유하는 것이 아닙니다. 그러나 재물을 소유하고 있는 어떤 사람도 없다면, 인간적으로 말하자면 그것은 내 것입니다. 그것이 내 것이라면, 나는 정말로 소유하고 있습니다. 그러나 이것은 아무런 의미가 없습니다. 따라서 이 무수한 인간관계에서 '내 것'에 관한 문제가 있는 곳마다 관련된 제삼자가 존재해야 합니다. (이것은 의미와 생각을 위한 것입니다.) "이것은 내 것이야"라고 말하는 제삼자입니다. 이것은 메아리와 같습니다. 누군가 "내 것"이라고 말할 때마다, 메아리치는 "내 것"이라는 소리가 들립니다.

당신은 말합니다.
"이것은 내 것이야."

그가 말합니다.
"이것은 내 것이야."

제삼자인 그가, 전부이신 그가 말합니다.
"이 모든 것은 내 것이야."

모든 사람은 더 심오한 의미에서 인간은 어떤 것도 소유할 수 없다는 것을 너무나 잘 압니다. 어떤 사람도 그에게 주어진 것을 제외하고 아무것도 소유할 수 없습니다.

근본적으로 모든 사람은 이것을 압니다. 그러나 부유한 그리스도인은 이것을 알고 있다는 것을 더욱 명심합니다. 매일 그는 알고 있는 이것을 자기 자신에게 설명합니다. 내가 이것을 몰랐다면, 이것은 내 책임이라고 스스로에게 설명합니다. 이것은 내 것과 네 것에 대한 자신의 결산보고에 해당됩니다.

자신에게 주어진 것을 제외하고 아무것도 소유하지 못한다는 것을 명심합니다. 또한 그에게 주어진 것도 그를 위해 보존하고 있는 것이 아니라, 대출로, 빚으로, 위탁된 재산으로 소유하고 있는 것입니다. 모든 것을 고려해 볼 때, 근본적으로 모든 사람은 가진 재물을 보존할 수 없다는 것을 압니다.

그러나 부자 그리스도인은 재산을 '보존하기 위해' 받은 것이 아니라, 위탁된 재산으로 받았다는 것을 명심합니다. [10]따라서 내 것과 네 것이라는 잘못된 생각만으로도 두려워 떨면서, 재물의 소유주가 되는 대신에 최상의 방법으로 재물을 관리합니다. 그러나 재물의 소유주는 하나님입니다. 하나님은 자본가가 아니기에, 기발한 거래로 재산이 늘어나는 것을 원치 않으십니다. 하나님을 만족시키려면, 완전히 다른 방식으로 재산이 늘어나야 합니다.

청지기인 부한 그리스도인은 이것을 온전히 이해합니다. 따라서 성서 해석가들이 불의한 청지기 비유를 설명하는 데 왜 그런 어려움을 토로하는지 이해할 수 없습니다.[11] 그 돈이 저 불의한 청지기의 합법적 소유였다고 이 사람이 말하고 있는 것을 가정해 보시기 바랍니다. 이렇게 가정한다면, 하나님은 당신이 앉아서 허위 영수증을 쓰든, 반을 깎아준 영수증을 쓰든 반대하지 않을 것입니다. 다시 말해, 하나님은 당신이 채무자의 빚을 반 깎아줘서 탕감한다 해도 반대하지 않습니다. 당신만 괜찮다면, 그들의 빚 전체를 탕감해도 좋습니다. 이런 식으로 내세에 반갑게 맞이할 친구를 얻을 수 있습니다.

불성실unfaithfulness이란 청지기가 같은 방식으로 다른 사람의 재산을 다루는 데 있습니다. 이것이 지혜롭다고 칭찬받은 이유였고, 이 세계의 일들을 이해하고 있는 이 세계의 아들들이 이 지혜를 칭찬한 이유이기도 합니다. 그가 저 청지기가 아니고 주인이었다면, 그때 청지기가 주인의 재산을 관리하는 방식으로 자신의 재산을 관리했다면, 이것은 고상하고, 관대하고, 기독교적인 것이 되었을 텐데 말입니다. 그때 이 세계의 아들들은 그것이 어리석은 짓이고 얼빠진 일이라는 것을 알고 그를 비웃고 조롱했을 텐데 말입니다.

이 비유는 실제로 고상한 행동이 이 세상에서는 어리석은 것으로, 악한 행동이 지혜로운 것으로 여겨짐을 가르치려는 것입니다. 당신 주머니에 있는 돈을 훔치는 것, 당신 주머니에 있는 돈으로 빚을 탕감하는 것, 얼마나 어리석은가요! 그러나 능숙하게 다른 사람의 주머니에 있는 돈을 훔치는 것, 이것은 얼마나 영리한가요! 그렇지만 이 비유는 청지기와 같은 방식의 행동의 고상함을 추천합니다. 다만, 자신의 재산을 갖고 말입니다.

그러나 내가 말하고 있는 것, 곧 "자신의 재산" 말입니다. 부한 그리스도인은 가장 고차원적인 의미에서 저 부가 자신의 재산이 아니라는 것을 깨닫습니다. 우리는 다시 같은 곳으로 돌아간 것인가요? 오, 아닙니다. 소유자는 하나님이십니다. 표현하자면 하나님은 재산이 이런 식으로 관리되기를 원하십니다. 이것이 부한 그리스도인이 지상의 부를 "내 것"이라고 부를 수 없는 방식입니다. 그것은 하나님의 재산입니다. 가능한 한, 재산은 소유자의 바람대로 관리되어야 합니다. 저 소유자가 돈과 돈의 가치에 대해 무관심한 대로 관리되어야 합니다. 적절한 시간과 장소에 거저 주도록 관리되어야 합니다.

이 세상의 소유물들이 이런 식으로 관리되어야 한다면, 나그네에 의해 최상으로 잘 관리될 수 있습니다. 저 청지기가 가장 영리한 책략을 계획하자마자, 동일하게 영리한 무언가를 생각했습니다. 곧, 그는 떠날 생각을 합니다. 우리가 이 청지기처럼 되지 말아야 하지만, 그로부터 배워야만 합니다. 모든 그리스도인은 새처럼 나그네입니다. 또한, 부한 그리스도인도 그렇습니다. 그는 나그네로서 그리스도인입니다. 그리스도인으로서 자신이 취해야만 하는 것이 무엇이고 취하지 말아야 할 것은 무엇인지, 무엇이 내 것이고 내 것이 아닌지, 정확히 아는 나그네입니다.

우리는 가끔 매일의 생활에서 우리 주위에 내 것이 아닌 무언가를 취할 때가 있습니다. 그렇지만 여행을 하려고 마음먹는 순간, 내 것은 무엇이고 다른 사람의 것은 무엇인지 살피기 위해 틀림없이 점검합니다. 이것이 매 순간마다 나그네인 부한 그리스도인이 지상의 재물에 대해 생각하고 말하는 방식입니다.

전적으로 다른 것을 생각하고 있는 그는 이 마지막 순간에 내가 무엇을 갖고 있어야 하며 내 것이 무엇인지 기억하려고 하지 않습니다. 당신은 이 사람을 이해하는 것이 더욱 어렵습니까? 자, 그는 그것을 이해합니다. 자기 자신을 이해합니다. 한때는 그도 그것을 이해하는 데 어려움이 있었습니다. 그러나 지금 그는 그것을 이해합니다.

부한 그리스도인의 아내와 아이들은 아마도 가장을 이해하는 것이 어렵습니다. 가족들은 그가 얼마나 부한지 깨닫기를 바랍니다. 그들의 아버지이자 남편이 얼마나 풍요로운지를 믿게 하고 싶습니다. 그러나 그때 부한 그리스도인은 가족을 꾸짖으며 말합니다.

"나는 그런 이야기를 듣고 싶지 않아. 나는 특별히 이 마지막 순간에 너희들에게 이 소리를 듣고 싶지 않다고."

아, 결국 그리스도인 외에는 누구도 이 사람을 이해할 수 없습니다. 그는 아프지도 않고, 여권 담당 직원이 아는 한, 그가 내일 당장 여행을 떠나는 것도 아닙니다. 이 부한 그리스도인이 지상의 부에 대하여 스스로 무지한 방식입니다. 그는 '**무지해진 것**'이고 전적으로 다른 무언가를 깨달음aware, vidend 으로써 **무지하게**ignorant, uvidend **남습니다.** (왜냐하면 다른 무언가를 깨닫게 됨으로써 아는 것에 대해 무지해지기 때문입니다.)

다시 말해, 그는 바로 오늘 밤에 죽을 수 있다는 것, 부는 본질적으로 소유될 수 없다는 것, 그것은 맡겨진 재산이라는 것, 그는 나그네라는 것, 이런 사실을 깨닫습니다. 이것이 부한 그리스도인이 지상의 부에 대하여 무지해진 방식입니다. 그렇습니다, 마치 건망증이 심한 사람처럼 말이지요.

부한 그리스도인이 이런 방식으로 자신이 가진 풍요에 대해 무지하다면, 풍요의 염려가 있을 수 없습니다. 스스로 그 풍요를 가질 수도 없습니다. 그는 풍요한 중에도 풍요의 염려가 없습니다. 좋은 속담에 의하면,[12] 그는 평소에 걱정하며 무엇을 모아야 하는지, 걱정하며 무엇을 소유해야 하는지, 걱정하며 무엇을 포기해야 하는지에 대한 아무런 염려가 없습니다. 그냥 그는 풍요롭습니다.

그에게는 풍요를 모아야 하는 염려care, Bekymring가 없습니다. 풍요를 모아야 한다고 염려하지care, bryde sig 않으니까요. 그것을 지키는 것에 대한 염려도 없습니다. 자신이 갖고 있지 않은 것을 지키는 일은 아주 쉬우니까요. 마치 아무것도 갖고 있지 않은 자와 같습니다.

그에게는 잃어버리는 것에 대한 염려도 없습니다. 다시 말해, 자신이 갖고 있지 않은 것을 잃어버릴 염려가 없습니다. 진실로 아무것도 갖고 있지 않은 자와 같으니까요.

다른 사람들이 더 많이 소유하는 것에 대한 염려도 그에게는 없습니다. 마치 아무것도 소유하지 않은 자와 같으니까요. 그는 다른 사람들이 더 적게 소유하는 것에 대한 염려도 알지 못합니다. 마치 아무것도 소유하지 않은 자와 같으니까 말입니다.

부한 그리스도인은 가족에게 무엇을 남길지에 대한 염려도 없습니다. 따라서 그에게는 풍요에서 나온 염려가 없습니다. 그러나 반면에, 그가 선을 행하기 위해 자신의 부의 일부를 사용할 때마다, 무언가를 발견한 자처럼 깜짝 놀랍니다. 왜냐하면 갖고 있는 그가 아무것도 갖지 않은 자와 같으므로, 자신이 갖고 있지 않은 것을 발견하기 때문입니다.

이 모든 것을 고려할 때, **부한 그리스도인**은 근본적으로 가난한 그리스도인처럼 똑같이 가난한가요? 맞습니다. 그는 확실히 가난합니다. 그러나 그리스도인으로서 그는 부합니다. 가난한 그리스도인이 지상의 가난에 대하여 무지한 것과 똑같이 지상의 부에 대하여 무지합니다. 가난한 그리스도인이 가난에 대해 말하지 않는 것처럼, 이 사람도 역시 지상의 부에 대해 말하지 않습니다. 둘 다 같은 것을 말합니다. 저 하늘의 부를 말합니다. 일용할 양식을 위해 기도하고 감사하는 자로서, 하나님의 청지기로서, 하나님 앞에 존재하는 것에 대해 말합니다.

이런 의미에서, 오직 이런 의미에서만, 부한 그리스도인은 지상의 부에서 비롯된 기쁨을 느낍니다. 그러나 가난에서 기쁨까지 이렇게 빠르게 이동하는 것은 얼마나 큰 놀라움인가요! 반면에 지상의 부에서 기쁨까지 이동하는 과정에는 얼마나 많은 어려움들이 따르나요! 우리가 쓸데없는 어려움을 만들었다는 말을 들을 수 없습니다.

부한 그리스도인으로서, 그리스도인에게는 그의 지상의 부에서 나온 기쁨이 있습니다. 그리스도인으로서, 그는 하늘에 아버지가 있다는 것을 믿습니다. 그에게 지상의 부를 허락하신 분이 그 아버지라는 것을 믿습니다. 그러나 **주는 자는 무한히 선물 그 이상입니다. 따라서 그는 선물이 아닌, 선물을 주는 자를 구합니다.** 그는 선물을 취하는 것이 아니라 주는 자의 손에서 선물을 받습니다.

그는 모든 그리스도인이 믿는 것, 그러나 특별히 부한 그리스도인에게 필요한 것을 믿습니다. 곧, 그리스도인의 부는 하늘에 있다는 것을 믿습니다. 따라서 그의 마음은 보물이 있는 그곳에 돌아섭니다.[13] 이 세상의 모든 부를 소유했던 '그분'께서 그 모든 소유를 포기하고 가난한 중에 사셨다는 것을 그는 언제나 명심합니다.[14] 결국, 거룩한 삶이란 가난 중에 사는 것, 그리하여 소유한 모든 부에 대하여 무지하게 되는 것임을 언제나 명심합니다.

이것이 부한 그리스도인이 그의 지상의 부를 통해 기뻐할 수 있는 이유입니다. 자신의 부로 선을 행할 수 있는 기회를 얻을 때마다 기뻐할 수 있는 이유입니다. 다른 사람들을 섬길 때, 동시에 그의 하나님을 섬길 수 있기에 기뻐합니다. 오, 물론 동시에 두 가지 일을 한다는 것은 어렵지요. 하지만 **다른 사람을 섬기면서 동시에 하나님을 섬기는 일보다 동시에 행할 수 있는 두 배의 복된 일을 찾는 것은 확실히 어렵습니다!**

동시에 두 가지 일을 기억하는 것은 어렵습니다. "오직 선을 행함과 서로 나누어 주기를 기억하라."[15]는 저 말씀을 많은 사람이 기억하는 것은 충분히 어렵습니다. 하지만 부한 그리스도인은 한 가지를 더 기억합니다. "그대가 선을 행하고 나눌 때, 하나님을 잊지 말라!"는 저 한 가지를 더 기억합니다.

따라서 부한 그리스도인은 선을 행함으로 인해 이중으로 기쁩니다. 왜냐하면 그는 또한 하나님에 대하여 생각할 수 있기 때문입니다. 부한 그리스도인은 모든 좋고 완전한 선물이 위로부터 온다는 것을 믿습니다.[16] (이것은 받는 자에게 특별한 관계에 있는 것 같지만 기독교적으로 볼 때, 주는 자에게도 그만큼 특별합니다.)

따라서 그가 주는 선물이 좋고 완전하다면, 그를 통해 선물을 주는 분은 하나님임에 틀림이 없습니다. 그래서 그는 부를 통해 기뻐합니다. 그의 부가 그에게 하나님을 아는 법을 배울 수 있는 기회와 때를 허락한 거니까요. 실제로 행하신 숨겨진 은인이 하나님이라는 것 말입니다. 부한 그리스도인은 그분의 친구입니다. 그는 이런 복된 일에 쓰임 받는 심부름꾼입니다.

따라서 부한 그리스도인은 다른 사람이 하나님께 감사하고 찬양하게 하도록 돕는 데에서 그의 지상의 부를 통해 기뻐합니다. 반면 그 결과 그는 또한 친구들을 얻습니다. 그러나 그 친구들은 결코 되갚을 수 없습니다. 다만 저 내세에서 보답으로 그에게 인사할 뿐입니다! (아, 이것은 거의 고리대금업이 아닌가요!)

풍요의 상태에 있는 부한 그리스도인에게 풍요의 염려가 없습니다. 새처럼 무지합니다. 그 정도로 가난한 그리스도인만큼 가난합니다. 하지만 그 정도로 그리스도인처럼 부합니다. 그리하여 마침내 그는 자신의 지상의 부로 인해 기뻐합니다. 그에게 새보다는 이런 장점이 있습니다. 그리스도인처럼 부합니다. 결과적으로 이런 식으로 이해할 때, 그는 자신의 부를 통해 기뻐합니다. 그때 그는 단지 염려하지 않는 새와 같은 것이 아닙니다.

그러므로 당신은 "우리가 무엇을 먹어야 하지?" 아니면, "무엇을 마셔야 하지?"라고 묻지 말아야 합니다. 이것들은 다 이방인이 구하는 것입니다.

부한 이방인에게 이런 염려가 있습니다.

부한 이방인은 자신의 부와 풍요에 대해 무지해지는 것과는 가능한 한 멀리 있습니다. 다시 말해, 부와 풍요를 지닌 자는 다른 무언가를 깨달을 때만 무지해질 수 있습니다. 하지만 부한 이방인은 다른 아무것도 모르고 알기를 원치도 않습니다. 부와 풍요를 가진 자가 온갖 다양한 방법으로 유혹하듯이 항상 밀려오는 것들에 대하여 무지하게 되는 것은 여간 힘든 문제가 아닐 수 없습니다. 하지만 기독교적으로 볼 때, 하나님을 알게 됨으로써, 이것을 행할 수 있습니다. 이 지식은 전적으로 그리스도인의 마음과 생각을 사로잡습니다. 그의 기억 속에 있는 다른 모든 것을 지워버립니다. 영원히 그의 마음을 포획합니다. 그리하여 그는 절대적으로 무지해집니다.

그렇지만 부한 이방인 역시 유일한 생각을 갖고 있습니다. 그것은 그의 부입니다. 그의 모든 생각은 그것 주위를 맴돕니다. 하지만 그는 사상가도 아닙니다. 이 세상에서 하나님 없이 살고 있을 뿐입니다.[17] 다만 재물이 그의 신입니다. 그리하여 이 신이 그의 모든 생각을 자기 자신에게 끌어당기고 있습니다. 그는 딱 한 가지, 필요한 한 가지, 그의 재물을 갖고 있습니다.[18]

따라서 그에게는 하나님도 필요하지 않습니다. 그러나 재물이 있는 곳에 그의 마음도 있습니다.[19] 부한 이방인의 마음은 이 땅에서 재물과 함께 있습니다. 그는 나그네가 아닙니다. 노예가 되어 이 땅에 매여 있습니다. 재물을 갖고 있는 부한 그리스도인이 갖고 있지 않은 자처럼 있다면, 부한 이방인은 갖고 있는 것이 다른 아무것도 없는 자와 같습니다. 그의 재물 말고는 생각할 다른 아무것도, 신뢰할 만한 다른 아무것도, 기쁨을 찾을 수 있는 다른 아무것도, 걱정할 만한 다른 아무것도, 대화할 만한 다른 아무것도 없는 자와 같습니다.

그는 다른 모든 것을 무시할 수 있습니다. 고상하고, 거룩하고, 사랑스럽고, 숭고한 모든 것을 무시할 수 있습니다. 그러나 그가 단 한 순간이라도 재물을 무시하는 것은 불가능합니다.

그렇습니다. 부한 이방인은 자신의 재물과 풍요에 대한 지식을 갖고 있습니다. 이런 증가된 지식과 함께 염려 역시 증가됩니다. 그는 염려를 불러일으키는 것이 무엇인지 압니다. 그것은 그가 알고 있는 유일한 것이므로, 염려 밖에 없습니다. 진실로 당신이 그를 볼 때, 그에게 있는 염려를 볼 수 있습니다. 병색이 뚜렷한 구두쇠인 그는 돈을 끌어 모으고 스스로 염려를 끌어 모읍니다. 그는 풍요 가운데 굶어죽고 있는 굶주린 대식가입니다. 그런 그가 말합니다.

"무엇을 먹을까? 무엇을 마실까? 어떻게 하면 내일 식사로 맛있는 요리를 찾을 수 있을까? 내일 식사로 인해 기뻐할 수 있을까? (오늘은 아직 견딜 만하다.)"

그는 가장 잔인한 사형 집행관보다 더 잔인합니다. 그는 잠을 이룰 수 없는 수전노입니다. 가장 끔찍한 범죄자보다 더 잠을 이룰 수 없습니다. 그는 눈이 사시가 된 구두쇠입니다. 다른 누군가 그보다 더 많이 가진 것을 보고 부러워하는 것 말고는 그의 돈으로 볼 수 있는 게 없습니다. 그는 이렇게 말라비틀어지고, 인색하고 가엾은 자입니다. 돈 때문에 자기 자신을 굶어 죽게 합니다. (돈 때문에 이런 일이 발생하는 것, 이것은 일반적으로 들을 수 없습니다.)

그들을 보십시오. 그들이 무엇을 말하는지 들어 보십시오. 그들 모두는 이것을 말합니다. 이것은 그들이 말하는 유일한 것입니다. 근본적으로 그들 모두는 말합니다.

"우리가 무엇을 먹지? 무엇을 마실까?"

그들이 재물과 풍요를 더 많이 끌어 모을수록, 또한 지식도 더 많이 끌어 모읍니다. 이 지식은 염려인 바, 굶주린 자를 만족시킬 수 없습니다. 그 갈증을 없앨 수 없습니다. 아니, 이 지식은 굶주린 자를 자극하고 갈증을 더 강화시킵니다. 진실로, 부하려 하는 자들은 사람을 타락하게 하는 수많은 시험과 올무에 빠집니다.[20] 부하려는 것, 전적으로 안전하게 부하기를 바라는 것, 더 부해지려는 것 말고 부의 염려에 다른 것이 있겠습니까? 신앙적으로 치유 받지 못한 부의 염려가 스스로 만족할 수 있는 어떤 조건을 찾을 수 있다는 것은 착각입니다. (그때 많든 적든, 소유로 인해 동일하게 염려는 시작될 수 있습니다.)

여태껏 '족하게' 받은 그 이상을 취한 새가 살아 있었던 적이 없었듯, '족하게' 소유한 어떤 부한 이방인도 여태껏 산 적이 없습니다. 그렇습니다. 어떤 굶주림도 풍요의 부자연스러운 굶주림보다 더 탐욕스럽지 않습니다. 어떤 지식도 재물과 풍요로 더럽혀진 지식보다 더 불만족스럽지 않습니다.

본질적으로 수많은 시험을 품고 있는 "시험temptation"이란 무엇인가요? 하나님을 버림으로써 사람이기를 멈추는 것, 이것이 그 시험입니다. 다시 말해, 순진한 새보다 더 청결해지는 대신에, 하나님께 버림받고 짐승보다 더 타락하여 짐승 아래로 침몰하는 것. 가장 가난한 이방인보다 더 가난하게, 노예처럼 아등바등 일하는 것. 저 가장 가엾은 미친 노예가 되어 풍요 속에서도 먹을 것과 마실 것을 위해 노예처럼 일하는 것. 재물이 있음에도 돈 때문에 노예처럼 일하는 것. 이것은 자기 자신에게는 저주요, 자연에는 골칫덩이요, 인간 종족에는 치욕입니다.

자, 이제 새를 생각함으로 결론을 지읍시다.

결국 새는 복음 속에 있고 틀림없이 이 강화 속에 있습니다. 새가 부하다면, 부에 대해 무지합니다. 그리스도인은 부에 대해 무지해집니다. 그는 부하고, 가난하고, 그러고도 부합니다. 부한 이방인은 가난하고, 가난하며, 또 가난합니다.

새는 침묵합니다. 새가 침묵하는 것은 쉽습니다. 새는 자신이 모르는 것에 대하여 침묵합니다. 부한 그리스도인은 자신의 지상의 재물에 대하여 말하지 않습니다. 다만 부에 대해서만 말합니다. 부한 이방인은 그의 맘몬mammon을 제외하고 말할 수 있는 다른 아무것도 없다는 것을 압니다.

무지한 새와 비교할 때, 부한 그리스도인은 무지한 중에 지혜로운 자입니다. 그러나 이방인은 바보입니다. 어리석은 많은 지식에 대하여 박식합니다. 그리스도인과 비교할 때, 무지한 새는 약간 숙맥이기는 하나, 이방인과 비교하면, 지혜로운 사람과 같습니다.

무지한 새는 순진하게 아무것도 모릅니다. 부한 이방인은 죄가 많아, 부정한 것들만 많이 알고 있습니다. 무지한 새는 자는 중에 더 힘을 발휘하는 몽유병 환자와 같습니다. 새는 아무것도 보지 못합니다. 지상의 재물에 대하여 무지해진 부한 그리스도인도 장님 놀이를 하는 것처럼 아무것도 보지 못합니다. 왜냐하면 영원eternity이 그의 눈을 멀게 했기 때문에, 이 지상의 햇빛으로는 볼 수 없습니다. 부한 이방인은 어두움 가운데만 희미하게 볼 뿐입니다.

새는 가볍고 순간적인 나그네입니다. 무지해진 그리스도인은 끊임없이 멀리 여행을 떠납니다. 부한 이방인은 돌처럼 무겁게 이 지상에 남아 있습니다. 부정함defilement으로 인해 점점 더 무거워집니다.

부할 때, 부해지는 유일한 길이 있습니다. 곧, 재물에 대해 무지해지는 것, 가난해지는 것 밖에 없습니다. 새의 길은 가장 짧은 지름길, 그리스도인의 길은 가장 복된 길입니다. 기독교의 교리에 의하면, 유일한 한 명의 부자가 있습니다. 그는 그리스도인입니다. 가난하든 부하든, 다른 모든 사람은 가난합니다.

사람이 육체를 가지고 있다는 것을 알아차리지 못하거나 육체가 있다는 것을 모를 때, 가장 건강합니다. 그리스도인이 새처럼 건강하여 그의 지상의 재물에 대하여 무지해질 때, 참으로 건강합니다. 그러나 그가 재물에 대하여 알 때, 이것이 그가 아는 유일한 것일 때, 그는 자기 자신을 잃습니다.

부한 그리스도인이 지상의 재물에 대하여 완전히 무지해질 때, 하늘을 향해 날아오르는 새보다도 더 많은 것을 얻습니다. 그는 '하늘나라'를 얻습니다. 부한 이방인이 완전히 유일하게 그의 재물에 대하여 알게 될 때, 이 땅에 떨어지는 새도 잃지 않는 것을 잃어버립니다. 그는 하늘나라를 잃어버립니다!

참고 자료

01 마태복음 7:15, "거짓 선지자들을 삼가라 양의 옷을 입고 너희에게 나아오나 속에는 노략질하는 이리라."

02 초안에서 보면 다음과 같다.

한 마리의 새가 다른 새에게 말할 때, 그들이 무엇에 대하여 말하든, 당신은 그들이 소유한 것에 대하여 말한다고 생각하는가? 아니, 새는 갖고 있지 않다. . . . -Pap. VIII2 B 91:8 n.d., 1847-48.

03 마태복음 6:34, "그러므로 내일 일을 위하여 염려하지 말라. 내일 일은 내일이 염려할 것이요, 한날의 괴로움은 그 날로 족하니라."

04 소크라테스를 의미한다. 예를 들어, 다음을 참고하라. Plato, Apology, 19 d-20 c; Meno, 71 a-b; Platonis quae exstant opera, I-XI, ed. Friedrich Ast (Leipzig: 1819-32; ASKB 1144-54), VIII, pp. 104-05; IX, pp. 194-97; The Collected Dialogues of Plato, ed. Edith Hamilton and Huntington Cairns (Princeton: Princeton University Press, 1963), pp. 6, 354.

05 이 부분은 의미상, 기술이라기보다 예술로 번역하였다. 무지해진다는 것은 단순한 기술이라기보다 예술에 가깝기 때문이다.

06 고린도전서 7:29-31을 참고하라. 바울은 고린도 교인들에게 말한다. "형제들아, 내가 이 말을 하노니, 그 때가 단축하여진고로 이 후부터는 아내 있는 자들은 없는 자 같이 하며, 우는 자들은 울지 않는 자 같이 하며, 기쁜 자들은 기쁘지 않은 자 같이 하며, 매매하는 자들은 없는 자 같이 하며, 세상 물건을 쓰는 자들은 못하는 자 같이 하라. 이 세상의 외형은 지나감이니라."

07 욥기 1:21, "이르되 내가 모태에서 알몸으로 나왔사온즉 또한 알몸이

그리로 돌아가올지라. 주신이도 여호와시오 거두신 이도 여호와시오니 여호와의 이름이 찬송을 받으실지니이다 하고"

08 누가복음 12:20, "하나님은 이르시되 어리석은 자여 오늘 밤에 네 영혼을 도로 찾으리니 그러면 네 준비한 것이 누구의 것이 되겠느냐 하셨으니"

09 아마도 이 부분은 H.A. Brorsons의 "오늘은 은혜의 때다"라는 찬송가를 언급하는 것처럼 보인다(1735년). 또한 다음을 참고하라.

히브리서 3:7-8, "그러므로 성령이 이르신 바와 같이 오늘 너희가 그의 음성을 듣거든, 광야에서 시험하던 날에 거역하던 것 같이 너희 마음을 완고하게 하지 말라."

히브리서 4:7, "오랜 후에 다윗의 글에 다시 어느 날을 정하여 오늘이라고 미리 이같이 일렀으되, 오늘 너희가 그의 음성을 듣거든 너희 마음을 완고하게 하지 말라 하였나니"

10 이하의 구절은 다음을 참고하라.

초안에서;

[본질적으로 Pap. VIII2 B 96, 1-16]과 동일. 그리스도인도 이와 마찬가지이다. 그러나 여기에서 소유주이신 하나님은 돈 거래에 대한 자신만의 개념을 갖고 계시다. 그분은 다른 것처럼 4%나 6%에 대한 것을 말하지 않으신다.–Pap. VIII2 B 91:10 n.d., 1847-48

최종 원고에서;

당신이 정직한 상인에게 방문한 적이 있다면, 그곳에서 놀라움과 감탄으로 거대한 양의 비축물을 본다. 당신은 이미 그의 거대한 재물에 대하여 표현하고 싶은 심정이다. 그때 그는 말한다. "이것은 내 것이 아니에요. 나에게 맡긴 재산이죠. 그것은 원래 죽은 내 친구의 것입니다."

당신은 이 정직한 상인이 부자가 아니라고 이해한다. 맞지 않은가? 만약 당신이, 물론 당신은 그렇게 하지 않을 것이다. 누군가 아주 조금이라도 이 상인에게 제안한다면, 이미 그의 친구는 죽었고 더 이상 나타나지 않을 것이라는 관점에서 결국 전체 재산은 그의 것이라고 제안한다면, 이 정직한 사람은 공포와 역겨움으로 그런 자에게서 돌아설 것이다. "내 것과 네 것"이라는 이 허위의 생각에 두려워 떨 것이다.

그러나 당신이 저 정직한 사람에게 그 재산에 대하여 더 심층 깊게 묻는다면, 그가 그 재산을 갖고 무엇을 하는지 묻는다면, 틀림없이 죽은 자를 대신해서 재산을 관리하고 있다고 말할 것이다. 가능한 한, 재산을 갖고 이익이 날 수 있도록 관리하고 있을 것이다. 부한 그리스도인도 마치 이와 같다. 그는 소유자를 대신해서 가장 좋은 방법으로 그것을 관리하고 있다. –Pap. VIII2 B 96 n.d., 1847-48

11 누가복음 16:1-13을 참고하라.

12 잠언 15:16을 참고하라. "가산이 적어도 여호와를 경외하는 것이 크게 부하고 번뇌하는 것보다 나으니라."

13 마태복음 6:19-21을 참고하라. "너희를 위하여 보물을 땅에 쌓아 두지 말라. 거기는 좀과 동록이 해하며, 도둑이 구멍을 뚫고 도둑질하느니라. 오직 너희를 위하여 보물을 하늘에 쌓아 두라. 거기는 좀이나 동록이 해하지 못하며 도둑이 구멍을 뚫지도 못하고 도둑질도 못하느니라. 네 보물이 있는 곳에는 네 마음도 있으니라."

14 고린도후서 8:9, "우리 주 예수 그리스도의 은혜를 너희가 알거니와 부요하신 이로서 너희를 위하여 가난하게 되심은 그의 가난함으로 말미암아 너희를 부요하게 하려 하심이라."

15 히브리서 13:16, "오직 선을 행함과 서로 나누어 주기를 잊지 말라. 하나님은 이 같은 제사를 기뻐하시느니라."

16 야고보서 1:17, "온갖 좋은 은사와 온전한 선물이 다 위로부터 빛들의 아버지께로부터 내려오나니 그는 변함도 없으시고 회전하는 그림자도 없으시니라."

17 에베소서 2:12, "그 때에 너희는 그리스도 밖에 있었고 이스라엘 나라 밖의 사람이라. 약속의 언약들에 대하여는 외인이요, 세상에서 소망이 없고 하나님도 없는 자이더니"

18 누가복음 10:42, "몇 가지만 하든지 혹은 한 가지만이라도 족하니라.

마리아는 이 좋은 편을 택하였으니 빼앗기지 아니하리라 하시니라."

19 마태복음 6:21, "네 보물이 있는 그 곳에는 네 마음도 있느니라."

20 디모데전서 6:9, "부하려 하는 자들은 시험과 올무와 여러 가지 어리석고 해로운 욕심에 떨어지나니 곧 사람으로 파멸과 멸망에 빠지게 하는 것이라."

비천의 염려

Ringhedens Bekymring

무엇을 입을까 염려하지 말라.
이는 다 이방인들이 구하는 것이라.

이 염려가 새에게는 없습니다.

참새Spurve[01]에 두 종류가 있다고 합니다. 회색 참새와 노란색 참새입니다. 괜찮다면, 노란색 참새는 금색 참새로 불러도 좋습니다. 그러나 이런 구별, "천한 것/고귀한 것" 이라는 분류는 그들에게 존재하지 않을뿐더러, 단 한 마리도 그렇게 존재하지 않습니다.

다른 새들은 무리의 앞에 날아가는 새들을 따라가거나, 오른편으로 날아가는 새를 따라가기도 합니다. 거기에는 처음과 마지막, 왼쪽과 오른쪽의 구별이 있습니다. 그러나 "천한 것/고귀한 것"의 구별은 존재하지 않습니다.

새의 무리가 아름답게 높이 솟아올라, 빙글 빙글 돌다가 어떤 형태를 갖출 때, 처음과 마지막, 오른쪽과 왼쪽이 바뀔 수는 있습니다. 수천 마리의 참새가 합창으로 노래를 부를 때, 확실히 음을 맞추는 참새가 있을 수 있습니다. 거기에 이런 구별은 있습니다. 그러나 "천한 것/고귀한 것"의 구별은 존재하지 않습니다. 기쁨은 언제나 변화하는 소리 속에 거하고 있습니다.

참새는 다른 새들과 합창을 하면서 형용할 수 없을 만큼 "단독자^{den Enkelte}"를 즐겁게 합니다. 그러나 참새가 다른 사람들을 즐겁게 하기 위해 노래하지 않습니다. 참새는 자신의 노래와 다른 참새들의 노래로 만족합니다. 따라서 참새는 갑자기 노래를 중단하고 잠시 동안 멈춥니다. 자신의 노래 소리를 듣고 다시 기쁘게 참여할 수 있을 때까지 말입니다.

새에게는 이 염려가 없습니다. 왜 그럴까요? 새는 있는 모습 그대로 존재하기 때문이며, 언제나 자기 자신이며, 자기 자신인 것에 만족하고 있고 자기 자신에게 만족하기 때문입니다. 새는 자신이 어떤 존재인지 뚜렷하게 잘 모르거나, 거의 인식할 수 없습니다. 하물며 다른 새에 대해 무언가를 알 수 있겠습니까.

그러나 새는 자기 자신에 대하여, 있는 모습 그대로 만족합니다. 비록 무슨 일이 일어난다 해도 그렇습니다. 새에게는 깊이 생각할 시간이 없거나, 아예 생각을 시작하지도 않습니다. 그 정도로 새는 있는 그대로의 모습에 만족하고 있습니다.

존재하기 위해, 존재의 기쁨을 만끽하기 위해, 새는 먼 길을 걸을 필요가 없습니다. 먼 길을 걸으며 있는 그대로의 모습을 발견하기 위해 다른 사람에 대해 무언가를 먼저 배울 필요가 없습니다. 그렇습니다, 새는 직접 새의 지식을 갖습니다. 새는 더 기뻐할 수 있는 지름길을 갖고 있는 것입니다.

새에게는 "사느냐, 죽느냐"[02]라는 어떤 질문도 없습니다. 모든 차별에 대한 염려를 지름길로 슬쩍 통과해 버립니다. 한 마리의 새가 다른 모든 새와 닮았다든지, 그가 같은 종류의 다른 새들과 "사실상 똑같다"든지, 심지어 그의 짝과 닮았다든지, 새는 이 모든 것들에 대해 결코 생각하지 않습니다. 그래서 **새는 존재의 기쁨에 안달나 있는 것입니다.**

무도회를 위해 길을 떠난 어떤 젊은 소녀도 새가 있는 그대로의 모습이 되기 위해 길을 떠날 때만큼이나 안달날 수 없습니다. 새는 존재하기를 지연시킬 수 있는 어떤 순간을 갖고 있지 않습니다. 심지어 가장 짧은 순간조차 없습니다. 저 짧은 순간이라도 새가 있는 모습 그대로 존재할 수 없다면, 저 찰나의 순간이라도 치명적으로 긴 시간이었을 것입니다.

만약 새가 즉시 존재하는 데 대한 최소한의 반대가 있기라도 한다면, 조바심에 죽어버릴 것입니다. 새는 있는 모습 그대로 존재합니다. 새는 다만 '존재'할 뿐입니다. 일이 그저 자연스럽게 흘러가게 할 뿐입니다. 또한 새도 그렇습니다. 이것이 바로 새가 존재하는 방식입니다.

저 멋진 새가 자랑스럽게 날아가는 것을 본적이 없다해도, 보릿대에 앉아 몸을 흔들며 노래하며 자신의 모습에 놀라고 있는 작은 새를 볼 때, 눈곱만큼이라도 이 새에게 비천에 대한 염려의 흔적을 발견할 수 있을까요?

당신은 명예로운 사람이 되는 방법^{høit paa Straa}을 가르치는 수업을 반대하지는 않을 것이지요. 그 수업에 참여하기 원한다면, 새가 앉아 있는 밀짚^{straw, Straa}[03]을 가져가십시오. 새가 스스로 존재에 대해 기뻐할 때, 백합보다 더 활기찹니다. 그러나 새는 순수한 자기만족에 있어서는 백합과 닮았습니다.

멋진 아름다움으로 머리를 치켜들고 있는 저 찬란한 백합을 본 적이 없다 해도, 도랑에서 자라고 있는 보잘것 없는 백합을 볼 때, 폭풍이 만물을 시시하게 느껴지도록 만들고 난 후 당신이 백합을 바라볼 때, 날씨가 곧 좋아질 것인지 보기 위해 고개를 들고 있는 백합을 보고 있을 때, 당신은 이 백합에게서 눈곱만큼이라도 비천의 염려를 발견할 수 있을까요?

혹은 백합이 커다랗고 웅장한 나무 밑에 피었을 때, 백합이 놀라움으로 그 나무를 바라볼 때, 이 놀라워하는 백합에게서, 어떤 비천에 대한 염려의 흔적을 조금이라도 발견할 수 있느냐 말입니다. 혹은 나무의 크기가 갑절로 크다 해서 백합이 더 작다는 것을 스스로 느낄 수 있다고 믿나요? 아니면, 백합은 모든 것들이 자신을 위해 존재한다는 순진한 착각 속에 빠져있는 것은 아닌가요?

새나 백합이 존재하는 것은 너무 쉽습니다. 그들은 너무 쉽게 살아갈 수 있습니다. 그들에게 시작하는 일이나 시작에 도달하는 일은 아주 자연스럽습니다. 존재하기를 시작하는 것이 그들에게 너무 쉬운 것은 백합과 새가 지닌 운 좋은 특권입니다. **일단 그들은 태어나는 순간, 즉시 존재하기를 시작합니다.** 즉각적으로 가장 빠른 속도로 존재하기 시작합니다. 시작을 위한 어떤 예비적 단계가 전혀 필요하지 않습니다. 사람들 사이에서 논의되고 있는 저 어려움으로 시험받지 않습니다. 위험한 것으로 묘사되고 있는 시작의 어려움 말입니다.

그때, 새는 어떻게 선생인가요? 가르치기 위한 접촉점은 어디에 있나요? 새는 먼저 시작한 후에 우회도로를 만드는 것은 아닌지 궁금합니다. 다시 말해, 시작을 찾은 다음, 가능한 한 빨리 자기 자신이 되기 위해, 정신 차릴 수 있도록 하기 위해, 저 긴 길을, 가능한 한 짧게 하기 위해 우회도로를 만드는 것은 아닌지 궁금합니다.

비천한 그리스도인에게는 이 염려가 없습니다.

그러나 **사람은 시작의 어려움 가운데 시험받고 있다는 점에서 새와는 다릅니다.** 왜냐하면 "비천한 것/고귀한 것"의 차이를 알고 있기 때문입니다. 그는 압니다, 다른 사람이 그에 대해 동일하게 알고 있다는 것 또한 압니다. 다시 말해, 그는 비천한 사람입니다. 이것이 무엇을 의미하는지 스스로 압니다. 또한 이 세상의 이익으로 도움을 받는 것이 무엇인지, 그것들이 얼마나 다양한지 압니다. 슬프군요, 바로 그것들 모두가 그에게 거절되었습니다. 그것들은 다른 사람들이 이런 유익을 누리며 사는 것이 무엇인지 보여

주기 위해 존재하고 있는 반면, 이 사람의 경우에는 그가 얼마나 비천한지를 나타내기 위한 목적으로만 그것들이 존재하는 것처럼 보입니다.

고귀한 사람은 이런 모든 유익을 누리면 누릴수록, 더욱 고귀해집니다. 반면 비천한 자가 이 모든 유익으로부터 거절당했다는 것을 고백할수록, 어떤 면에서 그는 더욱 비천해집니다. 고귀한 자가 얼마나 위대한지 보여주기 위해 존재하는 것은, 다른 한 편으로 비천한 자가 얼마나 보잘 것없는지를 보여주기 위해 존재하는 것처럼 보입니다.

오, 존재하기를 시작하기에, 존재에 이르기 위한, 얼마나 어려운 출발인가요! 존재하기, 태어나자마자 존재하기가 이렇게 어려운가요!

오, 이 얼마나 교활하게 숨겨진 올무인가요! 그러나 새는 결코 이 덫에 걸리지 않습니다.

이것은 마치 사람이 자기 자신이 되는 일을 시작하기 위해 먼저 타인의 있는 모습 그대로를 완성한 다음, 자신의 있는 모습 그대로를 발견해야 할 것처럼 보이는군요. 그 모습이 되기 위해서 말입니다. 그러나 사람이 이런 시각적 착각의 덫에 빠진다면, 결코 자기 자신이 될 수 없을 것입니다.

그는 마치 행인이 정확하게 알려준 길을 따라 걷고 있으나, 도시로 들어가려면 길을 돌아가야 한다는 것을 잊고 있는 사람처럼 계속 걷고 있습니다. 도시로 안내하는 길을 걷고 있는 중입니다. 그러나 그럼에도 불구하고 도시로부터 점점 더 멀어지고 있습니다.

그러나 비천한 그리스도인은 이런 시각적 착각의 올무에 빠지지 않습니다. 이 사람은 믿음의 눈으로 바라봅니다. 그는 하나님을 찾고 있는 믿음의 속도로 시작점에 있습니다. 스스로 하나님 앞에 있습니다. 자기 자신인 것에 만족합니다. 타인에게서, 타인을 통해, 자신이 세상에서 비천한 존재라는 것을 발견했습니다. 그러나 그는 이 지식에 굴복하지 않습니다. 세속적인 방식으로 이 지식에서 자신을 상실하지 않습니다. 이 지식에 완전히 매몰되지 않습니다.

그는 영원을 부여잡고 **하나님께 매달림으로써 자기 자신**이 되었습니다. 두 개의 이름을 갖고 있는 사람처럼 있습니다. 하나는 다른 모든 사람들을 위해 있고, 다른 한 이름은 자신과 가장 가깝고도 사랑스러운 사람들을 위해 있습니다. 세상에서, 다른 사람들과의 관계에서 그는 비천한 자입니다. 다른 어떤 대단한 사람인 척하지 않을뿐더러, 다른 대단한 사람인 양 혼동하지 않습니다. 다만 하나님 앞에서 자기 자신일 뿐입니다.

그는 다른 사람과의 관계에서, 그 순간 자신이 어떤 존재인지 다른 사람들을 통해 발견되기 위해 기다려야 할 것처럼 보입니다. 그러나 그는 기다리지 않습니다. 다만 하나님 앞에 존재하기 위해 서두를 뿐입니다. **오직 하나님 앞에서 자기 자신인 것에 만족합니다.** 그는 군중 가운데 비천한 사람에 불과합니다. 그가 이런 식으로 존재하는 것은 그들과의 관계에 달려 있습니다. 그러나 스스로 자기 자신이 되는 데 군중을 의지하지 않습니다.

하나님 앞에서 그는 자기 자신입니다. 물론 사람은 실제로 타인이 어떤 존재인지 '타인'으로부터 발견할 수밖에 없습니다. 자기 자신이 되는 데에 있어 세상이 사람을 속이기 바라는 것은 바로 이런 식입니다. 결과적으로 '타인'은 그들이 어떤 존재인지 스스로 아는 것이 아니라, 계속해서 '타인'이 어떤 존재인지를 아는 것뿐입니다.

자기 자신을 완전히 알고 계신 한 분이 계십니다. 자기 자신이 어떤 존재인지 스스로 알고 계십니다. 그분은 하나님입니다. 하나님 앞에 존재하지 않는 사람은 자기 자신이 아닙니다. 사람은 스스로 계신 분께 거함으로써 자기 자신이 될 수 있습니다. 스스로 계신 분께 거함으로써 자기 자신이 된다면, 타인 앞에, 타인에게 있을 수는 있으나 타인 앞에 존재함으로써 자기 자신이 될 수는 없습니다.

비천한 그리스도인은 "하나님 앞에서" 자기 자신입니다. 새는 이런 식으로 자기 자신이 되지 않습니다. 왜냐하면 새는 있는 모습 그대로 존재하기 때문입니다. 이런 존재의 도움으로 인해, 매순간마다 시작의 어려움을 모면하게 된 것입니다. 그러나 새는 또한 어려운 시작의 영광스러운 결론에 도달하지 못합니다. 바로 **자기 자신이 되는 중복** redoubling, Fordoblelse[04]입니다.

새는 마치 숫자 1과 같습니다. 자기 자신인 사람은 숫자 10 그 이상입니다. 새는 운 좋게도 시작의 어려움을 피했지만, 따라서 얼마나 비천한 존재인지 그 개념조차 얻지 못했습니다. 물론 그런 새는 자신이 얼마나 비천한 존재인지를 알고 있는 그리스도인보다 비교할 수 없을 정도로 비천합니다.

비천에 대한 생각은 새에게 존재하지 않습니다. 그러나 비천한 그리스도인은 본질적으로 이 생각을 위해 존재하지 않습니다. 본질적으로 그 생각을 위해 존재하기를 원치 않습니다. 왜냐하면 자신은 본질적으로 하나님 앞에 있으며 하나님 앞에서 자기 자신이 되기를 바라기 때문입니다.

따라서 새는 실제로 비천합니다. 새의 비천과는 대조적으로 비천한 그리스도인은 자기 자신이지만, 비천한 자가 되는 것을 중단하기를 바랄 만큼 멍청하지 않습니다. 이 사람은 그런 상태로 다른 사람과의 관계에 있습니다. **그런 비천 가운데** 자기 자신으로 있습니다. 비천한 그리스도인이 비천한 중에도 비천의 염려 없이 존재하는 방식입니다.

그렇다면, 비천은 어디에 있습니까? '타인'과의 관계에 있습니다. 그러나 그 염려는 어디에 근원을 두고 있습니까? 타인을 위해서만 존재하는 곳입니다. 타인과의 관계 말고는 아무것도 모르는 데 있습니다. 새는 다른 새와의 관계에 대해 아무것도 모릅니다. 그 정도로 비천하지 않고, 결과적으로 그 정도로 비천의 염려가 없습니다. 그러나 물론 새는 더 고차원적인 관계를 갖고 있다는 것도 알지 못합니다.

그때 하나님 앞에서 자기 자신인 비천한 그리스도인은 무엇인가요? **그는 사람입니다.** 그가 사람인 한, 어떤 의미에서 새와 같습니다. 왜냐하면 새는 있는 그대로의 모습으로 있으니까요. 그러나 우리는 이 부분에 대해서는 여기서 더 깊게 생각하지 맙시다.

그러나 <u>그는 또한 그리스도인입니다</u>. 그리스도인의 의미는 **비천한 그리스도인이 무엇인지**에 대한 질문 속에 함축되어 있습니다. 그 정도로 그는 새와 같지 않습니다. 왜냐하면 새는 <u>있는 그대로 존재하니까요</u>. 그러나 이런 식으로는 그리스도인이 될 수 없습니다. 만약 그리스도인이라면, 그렇게 되었음에 틀림없지만 말입니다.

따라서 비천한 그리스도인은 세상에서 대단한 존재가 되었던 것입니다. 슬프지만, 새는 무언가 될 수 없습니다. 새는 있는 그대로 존재할 뿐입니다. 새가 새였던 것처럼, 비천한 그리스도인은 사람이었습니다. 그러나 그때 그는 그리스도인이 되었습니다. 그는 세상에서 대단한 존재가 되었습니다. 그는 계속해서 점점 더 대단한 존재가 될 수 있습니다. 왜냐하면 계속해서 점점 더 그리스도인이 될 수 있기 때문입니다.

사람으로서 그는 하나님의 형상^{Billede 05}**대로 창조되었습니다. 그러나 그리스도인으로서 그는 본보기**^{Forbillede}**로서 하나님을 갖습니다.**

끊임없이 본보기로 부르고 있는 이 불안정한 생각, 새는 이것을 모릅니다. 새는 있는 그대로 있을 뿐입니다.

아무것도, 아무것도 이것을, 이 새의 존재를 방해할 수 없습니다. 아무것도 새를 방해할 수 없다는 것은 사실입니다. 새의 본보기를 위해 하나님을 갖는다는 이 복된 생각조차 새를 방해할 수 없습니다.

본보기는 확실히 소환 명령summons입니다. 그러나 얼마나 큰 축복인가요! 시인이 시를 쓸 수 있도록 하는 무언가 시인의 내면에 있다고 말할 때, 우리는 행운에 대해 말하고 있습니다. 그러나 이 본보기는 훨씬 더 엄격한 요구입니다. 본보기는 이를 바라보고 있는 모든 사람을 위한, 존재하고 있는 모든 사람을 위한 자극incentive입니다. 이 본보기는 약속입니다. 어떤 약속도 우리가 이토록 의지할 수 없습니다. 왜냐하면 이 본보기는 완성이니까요.

새 앞에는 어떤 본보기도 존재하지 않습니다. 그러나 이 본보기는 비천한 그리스도인 앞에 존재합니다. 이 사람은 자신의 본보기 앞에 존재합니다. 계속 성장하여 점점 더 이 본보기를 닮을 수 있습니다.

비천한 그리스도인은 하나님 앞에서 자기 자신이므로, 그리스도인으로서 자신의 본보기 앞에 존재합니다. 하나님이 이 땅에 살아 계셨다는 것을 믿습니다. 그분이 스스로 비천과 가난한 환경 가운데, 수치 가운데 태어나셨다는 것을 믿습니다.[06] 또한 어릴 때, 아버지라 불렸던 보통 사람과, 어머니였던 괄시받은 처녀와 함께 살았다는 것도 믿습니다.[07]

그 후, 그분은 종의 비천한 형체로 돌아다니셨습니다. 그분의 이런 현저한 비천의 형태는 다른 비천한 사람들과 구분이 불가능했습니다. 그분이 극도의 비참함으로 최후를 맞을 때까지, 범법자로 십자가에 달리실 때까지 말입니다. 그때, 이름을 후세에 남긴 것은 사실입니다. 비천한 그리스도인의 염원은 사나 죽으나 감히 그분의 이름을 자신의 것으로 사용하기 원하는 것뿐입니다. 감히 그분의 이름을 따라 불리기 원하는 것입니다.

비천한 그리스도인은 전해진 대로 그분이 제자들을 가장 평범한 계급의 비천한 사람들로 선택했다고 믿습니다. 또한 그분은 함께 있는 사람들을 위해 세상이 거부하고 경멸했던 사람들을 찾았다고 믿습니다.

그분이 파란만장한 삶을 살면서 사람들이 그분을 높이려 하든, 그분이 스스로 낮추었던 것보다 훨씬 더 그분을 낮추려 하든, 이런 모든 상황에도 불구하고 그분은 자신과 밀접한 관계로 연관된 비천한 사람들에게 여전히 신실하게 남으셨다는 것을, 비천한 그리스도인은 믿습니다.

또한 그분께서 도우셨기에 회당에서 쫓겨난 그 경멸당한 사람들에게 신실하셨다는 것도 믿습니다.

이 비천한 분께서, 비천한 사람의 삶이 어떤 의미가 있는 것인지, 아, 인간적으로 말해서 고귀한 사람의 삶은 어떤 의미가 있는 것인지를, 스스로 비천 가운데 존재한 삶으로 보여주었다고, 비천한 그리스도인은 믿습니다. 다시 말해, 비천한 사람의 삶이 얼마나 한없이 중요한 의미를 지니는지, 반면 고귀한 사람의 삶이 다른 무언가가 없다면 그 삶이 얼마나 무한히 보잘것없는지 보여주었다고 믿습니다.

비천한 그리스도인은 이 본보기가 바로 자신 앞에 존재한다고 믿습니다. 결국 그분은 비천한 사람입니다. 그분은 가난과 궁핍한 환경과 씨름하셨던 분입니다. 뿐만 아니라, 조롱당하고 거절당하는 더욱 비천한 상황과 사투를 벌이셨던 분입니다.

비천한 그리스도인은 이런 업신여김과 경멸을 당하는 비천한 상황을 스스로 선택한 것이 아니라는 것을 확실히 인정합니다. 이 사람은 그 정도까지는 본보기를 닮지 않았습니다. 그럼에도 불구하고 그는 본보기가 자신 앞에 존재한다고 믿습니다. 이 본보기가 비천의 도움을 받아 불쌍히 여기며 자신에게 말하는 것 같습니다.

"가엾은 자여, 그대는 이 본보기가 그대 앞에 있다는
것을 볼 수 없는가?"

비천한 그리스도인은 자신의 눈으로는 이 본보기를 결
코 본 적이 없었습니다. 그러나 이 사람은 그분이 존재했
었다고 믿습니다. 물론, 어떤 의미에서 **볼 수 있는 것**은 아
무것도 없었습니다. 비천한 것 말고는 말입니다. (왜냐하면
영광은 믿어져야 하니까요.) 다만 그는 비천한 중에 어떤
생각을 구성할 수 있습니다.

비천한 그리스도인은 자신의 눈으로 이 본보기를 본
적은 없습니다. 자신의 감각으로 그런 그림을 그릴 수 있도
록 시도조차 할 수 없었습니다. 그러나 그는 종종 이 본보
기를 봅니다. 완전히 가난을 잊을 때, 스스로 비천함, 조롱
당함을 완전히 잊을 때마다, 이 본보기에 대한 영광에 대
해 믿음으로 기뻐하며 이것을 잊을 때마다, 그는 그때 이
본보기를 봅니다. 그때 그는 조금이나마 본보기를 닮습니
다.

그러나 이 본보기에 몰입되어 있는 저 축복된 순간에

다른 누군가 그를 본다면, 그 사람은 자신 앞에 있는 비천한 사람만 볼 수 있을 뿐입니다. 이 본보기 역시 이와 똑같았습니다. 사람들은 이 본보기를 보고도 비천한 사람만 볼 수 있을 뿐이었습니다. 비천한 그리스도인은 점점 더 이 본보기를 닮아갈 것이라고 믿고 소망합니다. 이 본보기는 다음의 생애에서 영광 중에 있는 자기 자신을 나타내실 것입니다. 왜냐하면 여기 이 땅에서 비천 가운데 있는 자신을 나타내셨고 보여주었을 뿐이니까요.

비천한 그리스도인은 끊임없이 본보기를 닮기 위해 분투한다면, 이 본보기가 그를 데리고 갈 것이고, 더욱 친밀한 방법으로 하나님의 자녀가 되게 하실 것을 믿습니다. 모든 피조물들이 그랬듯이 창조자로서의 하나님만 믿는 것이 아니라, 그의 형제로서 하나님이 계시다는 것을 믿습니다.

그러나 이 비천한 그리스도인이 고귀하고 대단한 사람인가요? 네, 확실히 그렇습니다. 고귀하고 대단한 사람이기에 새는 완전히 잊어버리고 맙니다. 새처럼 비천에 대한 염려가 없으면서 비천합니다. 새와 같지 않게 스스로 비천함을 의식하고 있기에 무겁고 짓눌려 있습니다. 그럼에도 불구하고 이 사람은 높이 고양됩니다.

그는 비천에 대해 말하지 않습니다. 설사 비천에 대해 말한다 해도, 그것을 슬퍼하는 것은 아닙니다. 그것은 그에게 본보기를 생각나게 해줄 뿐입니다. 그는 본보기의 고결함loftiness에 대해 생각합니다. 그것을 생각할 때, 이 사람은 조금이나마 본보기를 닮습니다.

하지만 비천한 이방인에게는 이 염려가 있습니다.

비천한 이방인은 세상에서 하나님 없이 존재합니다. 따라서 본질적으로 자기 자신이 아닙니다. (왜냐하면 사람은 하나님 앞에 있을 때만 자기 자신이니까요.) 따라서 자기 자신인 것에 만족하지 못합니다. 자기 자신이 아니라면, 만족할 수 없으니까요. 그는 자기 자신이 아닙니다. 자기 자신인 것에 만족할 수 없을뿐더러, 새처럼 있는 그대로의 모습에 만족하지도 못합니다. 다시 말해, 있는 그대로의 모습에 불만족스럽습니다. 자신을 혐오하고, 자신의 운명에 신음하고 슬퍼합니다.

그때, 그는 누구인가요? 그는 비천한 자로, 아무것도 아닌 존재입니다. 다시 말해, 그는 '다른 사람'이 만들어준

자입니다. 그는 다른 사람 앞에 있을 때만 자기 자신을 만듭니다. 염려는 이것입니다: **"아무것도 아닌 자가 되는 것, 곧 존재하지 않는 것."** 따라서 그는 있는 그대로의 모습으로 존재하는 새하고는 판이하게 다릅니다.

결과적으로 그의 관심은 이것입니다: **"세상에서 대단한 자가 되는 것."** 그는 하나님 앞에 존재하는 것은 아무것도 아니라고 생각합니다. 그것은 다른 사람과 대조하거나 비교할 때, 세상에서 좋은 모습을 과시하는 것도 아닙니다.

사람이 되는 것, 이것은 존재하기에는 아무것도 아닙니다. 그는 이렇게 생각합니다. "결국, 이것은 아무것도 아닌 존재가 되는 것에 불과하다. 왜냐하면 사람이 된다는 것, 여기에는 다른 모든 사람들보다 뛰어난 어떤 차이나 유익이 없기 때문이다."라고 말입니다.

그리스도인이 되는 것, 이것은 존재하기에는 아무것도 아닙니다. 그는 이렇게 생각합니다. "물론 우리 모두는 그리스도인이다. 그러나 판사councilor of justice가 되는 것, 그것은 대단한 인물이 되는 것이다. 판사는 무엇보다 세상에서 대단한 인물이 되어야 한다. 다시 말해, 아무것도 아닌 자가 되는 것이야말로 절망적이다."

"여기에는 절망할 수밖에 없는 점이 있지." 그는 아직 절망하지 않은 것처럼 말합니다. 그럼에도 불구하고 그는 절망하고 있습니다. 절망은 그의 염려입니다. 일반적으로 모든 나라에서 더 형편이 나은 자들이 지는 짐을 비천한 자는 면제받는 것을 알고 있을 것입니다. 그러나 절망하고 있는 비천한 자, 저 이방인은 그럴지라도 면제받지 못할 것입니다. 아니, 그는 모든 짐들 중에서 가장 무거운 짐을 집니다.

우리는 왕이 왕관의 짐을 지고 있다고 말합니다. 고위 공무원은 관리 책임의 짐을, 많은 사람을 맡고 있는 자는 보호의무의 짐을 지고 있다고 말합니다. 그러나 반면, 왕은 결국 왕이요, 귀족은 귀족이요, 맡은 자는 맡은 자입니다. 자신의 짐을 지고 있을 뿐입니다. 그러나 **절망하는 비천한 자, 저 이방인은 스스로 노예가 되어 자기 짐도 아닌 것을 지고 가다가 죽음에 이르고 맙니다.** 그렇지요, 이것은 미친 짓이요, 광기입니다. 그는 자신의 짐도 아닌 것을 지다가 지친 것입니다.

마치 어떤 토대로서 다른 모든 사람을 짊어져야 하는 자가 왕인지, 혹은 최고의 권력자로서 왕을 짊어져야 하는 자가 다른 모든 사람인지, 이것은 우리가 여기서 조사해야 할 대상이 아닙니다. 다만, 절망하고 있는 비천한 자, 저 이방인은 다른 모든 사람들을 짊어지고 있다는 점입니다. '다른 모든 사람들'인 이 거대한 무게가 그를 짓누르고 있습니다. 절망이라는 이중의 무게와 함께 말입니다.

이 무게는 그가 대단한 인물이라는 생각으로 그를 짓누르는 것이 아닙니다. 아니, 그는 아무것도 아닌 존재라는 생각의 무게로 그를 짓누르고 있습니다. 진실로, 어떤 사회나 어떤 나라도 아무것도 아닌 이런 존재에게 모든 짐을 짊어지게 할 만큼 사람을 비인간적으로 대한 적이 없습니다. **절망하고 있는 비천한 자, 저 이방인만이 스스로를 이렇게 비인간적으로 대우합니다.**

그는 점점 더 깊이 절망적인 염려로 침몰하고 맙니다. 그는 짐을 짊어질 만한 디딤판을 찾을 수 없습니다. 그는 결국 아무것도 아닌 존재입니다. 다른 사람들이 있는 그대로의 모습에 대한 생각 때문에 고통당하며 아무것도 아닌 존재라는 것을 의식하게 되는 것입니다.

그는 점점 더 바보 같아 보입니다. 오, 아닙니다. 그는 점점 더 불쌍해집니다. 혹은 오히려, 점점 더 사악해지고, 점점 더 냉혈인간이 되어 대단한 인물이 되기 위해 어리석은 고투를 하고 말지요. 그것이 그렇게 작은 것일지라도,

그의 의견에는 존재할 만한 가치가 있는 대단한 것입니다.

이런 식으로 절망하고 있는 비천한 자, 저 이방인은 비교의 거대한 무게 아래로 침몰하고 맙니다. 스스로 그 무게를 자기 자신에게 놓습니다. 비천한 자가 되는 것, 이 것은 그리스도인이 되는 것과 더불어, 비천한 그리스도인에게 속한 과제입니다. 마치 거의 들을 수 없는 문자 앞에 있는 대기음이 실제로 들리는 문자에 속한 것과 같습니다.

이것이 비천한 그리스도인이 이 땅에서 자신의 비천에 대해 말하는 방식입니다. 그는 그리스도인이라는 것을 선포함으로써만 이것에 대해 말합니다. 그러나 이방인에게 이것은 허구한 날 그의 염려가 됩니다. 그가 하는 모든 노력은 이것에 사로잡혀 있습니다. 영원에 대한 기대도 없고, 하늘의 소망으로 강건해지지도 않고, 결코 자기 자신도 아니고, 하나님께도 버림받은 채로, 그는 절망 중에 살아갑니다. 이것은 마치 아무것도 아닌 존재라는 생각으로 고통당하며 70년[08]의 세월을 살아가야 하는 유죄선고를 받은 것과 같습니다.

새는 그를 위로할 만한 아무것도 가지지 못합니다. 천국 역시 그에게 어떤 위로도 되지 않습니다. 하물며, 이 땅의 삶이 그에게 어떤 위로가 있겠습니까! 저 천국을 잊도록 만든 이 땅의 삶의 매력에 홀려, 그가 이 땅에서 노예가 된 채로 남아 있다고 말할 수도 없습니다. 아니, 오히려 그 것은 이 세상temporality[09]이 온갖 수단을 다 동원해 그를 아무것도 아닌 존재로 만든 다음, 그를 이 세상에서 쫓아내려 하는 것처럼 보입니다.

그럼에도 불구하고 그는 가장 비참한 상태로 이 세상에 속하고 싶어 합니다. 그는 이 세상에서 도피하고 싶어 하지 않습니다. 스스로 아무것도 아닌 존재라는 사실에 단단히 매달려 있습니다. 점점 더 단단히 매달립니다. 왜냐하면 세속적인 방식으로, 헛되이, 대단한 자가 되기 위해 노력하고 있기 때문입니다. 이제 그는 절망에 빠져 점점 더 대단한 자가 되어야 한다는 사실에 매달립니다. 절망의 정점에서 그는 더 이상 대단한 자가 되기를 구하지 않습니다. 그는 이런 식으로 살고 있으나 이 땅에서 살고 있는 것이 아닙니다. 왜냐하면 그는 지하 세계로 내동댕이쳐진 것 같기 때문입니다.

보십시오, 신들에게 벌을 받았던 저 왕을![10] 그가 배고플 때마다, 달콤한 과일은 나타났습니다. 그러나 그가 손을 뻗었을 때, 이 과일은 사라지고 맙니다. 그는 이 끔찍한 형벌로 고통당했습니다. 절망하고 있는 비천한 자, 저 이방인은 자기모순 가운데 더 끔찍하게 고통당합니다. 그가 아무것도 아닌 존재가 되어 괴로워할 때, 대단한 자가 되기 위해 헛되이 노력하는 반면, 그는 실제로 대단한 자일뿐만 아니라, 원래 그렇습니다. 그를 피한 것은 과일이 아닙니다. 자신의 있는 그대로의 모습을 피한 자는 그 자신입니다. 그렇기 때문에 그는 사람이 아닙니다. 그는 사람이 아니기 때문에 그리스도인이 될 수도 없습니다!

우리가 새를 생각하며 결론을 지읍시다.[11]

저 새에게는 복음이 있고 이 강화 중에도 있어야 합니다. 비천한 새에게는 비천의 염려가 없습니다. 비천한 중에도 비천한 그리스도인은 비천의 염려가 없습니다. 그때 비천한 그리스도인은 이 세상의 모든 고귀함보다 더 높이 상승합니다. 염려하고 있는 비천한 이방인은 모든 사람들 중에서 가장 비천하다 해도, 자기 자신보다 한참 멀리 있습니다.

새는 있는 그대로를 가깝게 보지 못합니다. 비천한 그

리스도인은 그리스도인으로서 있는 그대로를 가깝게 봅니다. 비천한 이방인은 절망할 정도로 자신의 비천함을 뚫어지게 들여다 봅니다.

새는 말합니다.

"뭐? . . . . 비천해? 우리는 그런 것에 대해서는 생각하지도 말자. 거기에서 멀리 날아가 버려!"

그리스도인은 말합니다.

"뭐? . . . . 비천해? 나는 그리스도인이라고!"

이방인은 말합니다.

"슬프다, 내가 비천하다니!"

새는 말합니다.

"나는 있는 그대로의 모습으로 나야."

비천한 그리스도인은 말합니다.

"내가 마땅히 되어야 할 모습은 아직 드러나지 않았어."[12]

비천한 이방인은 말합니다.

"나는 아무것도 아닌 존재야. 게다가 절대로 대단한 인물은 될 수 없을 거야."

새는 말합니다.

"나는 존재하고 있어."

비천한 그리스도인은 말합니다.

"삶은 죽음으로 시작하지."

비천한 이방인은 말합니다.

"나는 아무것도 아닌 존재야. 죽을 때는 아무것도 남지 않지."

비천한 그리스도인과 비교할 때, 새는 아이입니다. 비천한 이방인과 비교할 때, 새는 행운아입니다. 새가 존재에 대한 기쁨으로 가장 높이 날아오를 때의 자유로운 새처럼, 비천한 그리스도인도 훨씬 더 높이 날아오릅니다. 아무런 소망도 없이 오직 두려움으로 생사가 걸린 분투를 하고 있는 그물에 걸린 새처럼, 비천한 이방인은 훨씬 더욱 불쌍하게 "무nothingness"의 포로가 되어 자신의 영혼을 파멸시킵니다.

기독교 교리에 의하면, 단 하나의 고귀함이 존재합니다. 그것은 그리스도인이 되는 것입니다. 다른 모든 것은 비천합니다. 비천함도 고귀함도 다 비천합니다. 사람이 비천하다면, 고귀함에 이르는 단 하나의 길이 있으니, 그것은 그리스도인이 되는 것입니다.

새는 이 길을 모릅니다. 새는 있는 모습 그대로 남아 있을 뿐입니다. 그러나 또한 새가 모르는 다른 길이 있습니다. 이방인이 걷고 있는 길입니다. 새가 존재하는 길은 수수께끼이고 아직 발견된 적이 없습니다. 그러나 그리스도인의 길은 "길Way"[13]이신 그분에 의해 발견된 적이 있습니다. 그 길을 찾는 자에게 복이 있습니다.[14]

이방인의 길은 암흑으로 끝납니다. 거기에서 돌아오는 길을 찾은 사람은 아무도 없습니다. 새는 저 우회도로를 통해 슬쩍 통과하고, 운 좋게도 모든 위험에서 벗어납니다. 비천한 그리스도인은 저 우회도로로 걷지 않습니다. 영광 중에 복을 받고 구원을 얻습니다. 그러나 비천한 이방인은 우회도로를 선택하고 영원한 파멸에 이르는 "자신의 길"[15]을 걸어 갑니다.

참고 자료

01 덴마크어 Spurve는 참새과의 작은 새finch, Fringillidae를 의미한다.
   이것은 유럽의 참새Graa-Spurv, Passer domesticus를 포함하고 있다. 이
   새는 미국에서는 집참새English sparrow로 알려져 있다. 또한 무당새yellow
   bunting이나 노랑멧새yellowhammer로 알려져 있다.

02 이 부분은 셰익스피어의 햄릿에 나오는 대사를 인용한 것이다.

03 원래는 "밀짚 위에 높이 있다"는 의미이다. 그러나 의미상으로는
   자신을 드높인 태도를 말한다.

04 중복의 개념에 대하여는 『사랑의 역사』 2부 5장을 참고하라.

   중복redoubling은 덴마크어로는 fordoblelse이다. 하지만 이 단어는
   철학 쪽에서는 그렇게 관심이 집중된 단어는 아니었다. 하지만
   키르케고르에게 있어서, 신약시대의 기독교와 그가 관찰했던
   기독교와의 차이를 분별하는 데 굉장히 중요한 단어였다. 그에게
   있어 중복은 진정한 기독교를 이해하는 핵심적인 용어다. 이 단어는
   그의 전체 저작에서 그렇게 많이 등장하지는 않는다. 키르케고르
   연구소에서 제공하는 원문에서 이 단어를 검색하면, 약 34번 정도
   검색된다. 이 중 약 절반은 그의 일기에서 발견된다. 초기 작품에서는
   요하네스 클리마쿠스의 작품인 『모든 것을 의심한다』(Johannes
   Climacus or De Omnibus Dubitandum Est), 『철학의 부스러기』(Philosophical
   Fragments), 『결론의 비학문적 후서』(Concluding Unscientific Postscript)에서
   등장한다. 하지만 이 단어는 『사랑의 역사』(Works of Love)와
   『기독교의 훈련』(Practice in Christianity) 이 출판되고 나서야 그 개념이
   명확하게 정립되었다.

   안티 클리마쿠스에 의하면, 자기 중복self-redoubling은 절망의 표현이고
   이에 대해 경고한다. 또한 자기란 중복이다. 또한 사랑의 역사에서는

자기의 중복으로서 이웃에 대해 말한다. 이 용어는 인간의 실존에 내재된 영원한 것의 현존을 서술하는 데 사용된다. 이런 점에서 사랑은 그 자체로 중복이다. 그의 전체 작품 중에서 사랑의 역사는 중복에 대해 중요한 개념을 담고 있기에 간략하게 소개하면 다음과 같다.

일시적인 대상은 본질적으로 중복을 지닐 수 없다. 일시적은 것은 시간 속에서 사라지듯이, 일시적인 대상은 오직 그 속성들 속에만 존재할 뿐이다. 그렇지만 영원한 것이 인간 속에 존재할 때, 이 영원한 것은 인간 안에 중복된다. 영원한 것이 중복의 형태로 인간 속에 매 순간마다 존재하는 방식으로 인간 안에 중복된다. 즉, 영원한 것은 밖을 향하기도 하고 안을 향하여 자신 안에 돌아오기도 한다. 그러나 이것은 하나이면서 같다. 그렇지 않다면 이것은 중복이 아니다. 영원한 것은 오직 그 속성들 속에 존재할 뿐만 아니라 자신 속에, 그 속성들 속에 존재한다. 영원한 것은 속성들을 지닐 뿐만 아니라, 본질적으로 속성들을 지니고 있는 것 속에 존재한다.

사랑 역시 그러하다. 사랑이 행하는 것은 사랑 자체이다. 사랑 자체가 사랑이 행하는 것이다. 그것은 하나이며 같은 순간이다. 사랑은 자기 밖으로 나가기도 하고(외부방향) 같은 순간에 자기 속에 존재하기도 한다(내부 방향). 같은 순간에 자신 속에 존재하기도 하며 자기 밖으로 나간다. 그리고 이런 밖으로 향함과 자기에게로 돌아옴은 동시에 하나이며 같다.

우리가 "사랑은 담대함을 준다"고 말할 때, 당연히 사랑하는 사람은 다른 사람들을 담대하게 한다고 말하고 있는 것이다. 사랑이 현존하는 곳마다, 사랑은 담대함을 퍼뜨린다. 우리는 사랑하는 사람 옆에 있기를 좋아한다. 왜냐하면 그는 두려움을 내어 쫓기 때문이다.(요일4:18) 의심이 많은 사람은 모든 사람을 놀라게 하여 쫓는 반면, 교활한 사람은 불안과 고통스러운 동요를 야기시키는 반면, 지배자의 현존은 무더운 공기의 무거운 압력처럼 억압적인 반면, 사랑은 담대함을 준다. 그러나 우리가 "사랑은 담대함을 준다"라고 말할 때, 동시에 다른 무엇을 말하고 있는 것이다. 즉, "사랑이 심판 날에 담대함을 주는 것처럼"(요일4:17) 사랑하는 사람은 담대함을 지니고 있다. 말하자면, 사랑은 심판의 날에 사랑하는 사람을 담대하게 한다.

우리가 "사랑은 죽음으로부터 우리를 구원한다"(엡2:4-5)고 말할 때,

이 생각에서도 중복은 직접적이다. 사랑하는 사람은 죽음으로부터 다른 사람을 구한다. 그리고 같은 순간에 그러나 다른 의미에서 그는 죽음으로부터 자신을 구한다. 그는 즉각적으로 동시에 이것을 행한다. 이것은 하나이면서 같다. 그가 한 순간에 다른 사람을 구하고 다른 순간에 그를 구원하는 것이 아니다. 그러나 사랑은 후자를 생각하지 않고, 자기의 구원을 생각하지 않고, 자신이 담대함을 얻는 것을 생각하지 않는다. 사랑하는 사람은 오직 사랑스럽게 담대함을 주는 것만 생각하고 죽음으로부터 다른 사람을 구하는 것만 생각한다.

그러나 사랑하는 사람은 잊히지 않는다. 절대로 아니다. 사랑하면서 자신을 잊은 사람은 다른 사람의 고통을 생각하기 위해서 자신의 고통을 잊는다. 그는 다른 사람의 비참함을 생각하기 위해서 자신의 비참함을 잊는다. 그는 다른 사람의 손실을 유념하기 위해서 자신이 손실을 잊는다. 그는 다른 사람의 이익을 위하여 자신의 이익을 잊는다. 진실로 이런 사람은 절대로 잊히지 않는다. 이 사람을 생각하고 있는 분이 있다. 그분은 하늘의 하나님이다. 혹은 사랑이 그를 생각한다. 하나님은 사랑이시다. 그리고 사람이 사랑하면서 자신을 잊을 때, 어떻게 사랑이신 하나님이 그를 잊을 수 있겠는가! 절대 아니다. 사랑하는 사람이 자신을 잊고 다른 사람을 생각하는 동안, 하나님은 사랑하는 사람을 생각하신다.

자기를 사랑하는 사람은 바쁘다. 그는 자신이 잊히지 않기 위하여 소리를 지르고 커다란 소음을 생산한다. 그리고 그는 자신이 잊히지 않기 위하여 자신의 권리를 주장한다. 그러나 그는 잊힌다. 그러나 사랑하는 사람은 자신을 잊지만, 사랑에 의해 기억된다. 그를 생각하는 분이 있기 때문이다. 그리고 이것이 사랑하는 사람이 그가 준 것을 받는 이유이다.

05 창세기 1:27, "하나님이 자기 형상 곧 하나님의 형상대로 사람을 창조하시되 남자와 여자를 창조하시고"

06 마태복음 1:18-19, "예수 그리스도의 나심은 이러하니라. 그의 어머니 마리아가 요셉과 약혼하고 동거하기 전에 성령으로 잉태된 것이 나타났더니, 그의 남편 요셉은 의로운 사람이라. 그를 드러내지 아니하고 가만히 끊고자 하여"

07 마태복음 1:24-25, "요셉이 잠에서 깨어 일어나 주의 사자의 분부대로 행하여 그의 아내를 데려왔으나"

08 인간의 수명을 의미한다. 시편 90:10을 참고하라. "우리의 연수가 칠십이오, 강건하면 팔십이라도, 그 연수의 자랑은 수고와 슬픔 뿐이요, 신속히 가니 우리가 날아가나이다."

09 엄밀하게 말하자면, 이 단어는 "일시성," 혹은 "시간성"으로 옮겨야 한다. 하지만 독자들의 이해를 돕기 위해 "세상"으로 옮겼다. 이후에 나오는 이 단어는 시간 개념이 있다는 것에 주의하기 바란다.

10 Homer, *Odyssey,* XI, 582-92; *Homers Odyssee,* I-II, tr. Christian Wilster (Copenhagen: 1837), I, pp. 162-63; Homer, *The Odyssey,* I-II, tr. A. T. Murray (Loeb, Cambridge: Havard University Press, 1976-80), I, pp. 427-29:

"그럼, 나는 격렬한 괴로움 가운데 있는 탄탈루스를 보았네. 그는 연못에 서 있었지. 그때 물이 거의 그의 턱까지 차 올랐네. 그는 목마른 것처럼 보였지. 저 노인네가 구부리는 만큼, 더욱 물을 마시려 할수록, 물은 그만큼 삼켜지고 사라져버리고 말았네. 결국 그의 발에는 검은 땅이 나타났네. 어떤 신이 완전히 물이 마르게 한 것이지. 그리고 잎이 무성하고 높은 나무가 있었지. 그의 머리 위에는 과일들이 있었지. 복숭아, 석류, 튼실한 열매가 달려 있는 사과나무, 달콤한 무화과와 풍성한 올리브였네. 그러나 저 노인네가 저 열매들을 향해 팔을 뻗으면, 그의 손으로 움켜잡으려 할수록, 이내 바람은 그 열매들을 저 그림자가 드리운 구름으로 날려버리곤 했지."

11 마태복음 6:26, "공중의 새를 보라. 심지도 않고 거두지도 않고 창고에 모아들이지도 아니하되, 너희 하늘 아버지께서 기르시나니 너희는 이것들보다 귀하지 아니하냐"

12 요한1서 3:2, "사랑하는 자들아, 우리가 지금은 하나님의 자녀라. 장래에 어떻게 될지는 아직 나타나지 아니하였으나 그가 나타나시면 우리가 그와 같을 줄을 아는 것은 그의 참모습 그대로 볼 것이기 때문이니"

13 요한복음 14:6, "예수께서 이르시되, 내가 곧 길이요, 진리요, 생명이니,

나로 말미암지 않고는 아버지께로 올 자가 없느니라."

14 마태복음 7:14, "생명으로 인도하는 문은 좁고 길이 협착하여 찾는 자가
   적음이라."

15 사도행전 14:16, "하나님이 지나간 세대에는 모든 민족으로 자기들의
   길들을 가게 방임하셨으나"

고귀의 염려

Høihedens Bekymring

무엇을 입을까 염려하지 말라.
이는 다 이방인들이 구하는 것이라.

이 염려가 새에게는 없습니다.

　그러나 그때 고귀함은 염려인가요? 사람들은 더 높은 자리에 오를수록, 모든 염려에서 더 자유로울 수 있다고 생각하곤 합니다. 심지어 그는 더욱 염려하고 있는 사람들에 의해 둘러싸인 것처럼 보이고, 그에게 어떤 염려도 침투하지 못하도록 막는 데 사로잡힌 사람들에 의해 둘러싸인 것처럼 보입니다.

　아, 복음이 말하는 것처럼 고귀의 염려와 비천의 염려에 대해 공평하게 말하는 것이 거짓말로 비꼬는 것이 아닙니다. 고귀함, 권력, 명예와 명성은 마치 어떤 염려도 그에게 압력을 가하지 못하도록, 높은 지위에 있는 저 사람을 보호해야 하는 경호원처럼 신실하게 봉사합니다. 그들은 그에게 충성을 맹세합니다. 말하자면, 그에게 무릎을 꿇습니다.

아, 그러나 이 경호원은 저 높은 지위에 있는 사람과 관계를 끊을 만한 용기는 없습니다. 안전을 위해 이 경호원은 이 사람에게 아주 가깝습니다. 그러나 이 고귀한 자에게서 밤잠을 앗아가는 자는 바로 이 경호원입니다. 사실 보이는 것은 상징으로만 봉사할 뿐입니다. 전 세계를 지배한 황제, 사실 그는 자신을 지배하고 있는 충성된 경호원[01]에 의해 둘러싸여 있었습니다. 황제, 그는 전 세계를 두려워 떨게 했지만, 용맹한 경호원에 의해 둘러싸여 있었습니다. **황제는 그의 뒤에서와 앞에서 두려워 떨어야 했습니다.**

그러나 언제나 높은 곳에 있을지라도, 새에게는 고귀의 염려가 없습니다. 물론, 이것은 여기에서 논의될 수 없는 염려로, 이 염려는 높은 지위에 있는 사람들의 명예가 아닙니다. 자신에게 맡겨진 사람들의 복지를 염려하고 있는 그런 염려도 아닙니다. 왜냐하면 우리가 이 작은 책에서, 사람들에게는 있을 수 없는, 존재하지 말아야 하는 염려에 대해서만 계속 말하기 때문입니다. 뿐만 아니라, 이 염려는 이 강화의 주제인 고귀의 염려Bekymring도 아닙니다.

새가 스스로 돌봐야sørge for 하는 일은 새에게 거의 일어날 수 없습니다. 하물며 다른 새들을 돌보기 위해 임명

되는 일은 일어나지 않을 것입니다. 다른 새들과의 관계에서, 새는 천진난만하게 말합니다.

"내가 내 아우를 지키는 자입니까?"[02]

어떤 새에게도 그런 일은 일어나지 않습니다. 심지어 가장 높이 올라갈 수 있는 새에게도 말입니다. 가장 높은 곳에 올라가 낮은 곳에서 나는 다른 새들을 지배할 수 있을 때도 말이죠. 그러나 또한 새는 다른 새들이 복종하는 태도를 보여주든, 거부하든 아무런 관심이 없습니다. 다른 새들이 그 높은 지위를 빼앗을 것에 대한 염려도 하지 않습니다. 어떤 새도 그렇게 높은 곳에 있지 않습니다.

그럼에도 불구하고 모든 새는 고귀합니다. 이것은 마치 모든 새가 본질적으로 동일하게 높은 곳에 있는 것과 같습니다. 이 새들 사이에 있는 하늘의 평등, 혹은 하늘 아래에서의 그들의 평등한 고귀함은 영원한 생명의 저 고귀함과 공통점이 있습니다. 새의 상태와 마찬가지로, 거기에서는 높음이나 낮음도 없습니다. 따라서 고귀함만 있을 뿐입니다.

모든 새는 고귀합니다. 그러나 그들 중에서는 어떤 새

도 고귀하지 않습니다. 둥근 하늘 아래에서, 서로가 원하는 만큼 높이 올라갈 만큼 충분한 공간이 있습니다. 그러나 날지 못하여 땅을 걷고 있는 새도 역시 고귀합니다. 새는 다른 방식으로는 이것을 이해할 수 없습니다.

누군가 새에게 말합니다.

"그러나 네가 다른 새들보다 더 고귀하지 않다면, 넌 실제로 고귀한 게 아니야."

새는 대답할 것입니다.

"어째서 그렇지? 왜 내가 고귀하지 않아?"

그때 새는 높이 올라갑니다. 혹은 땅에 남습니다. 그러나 땅에 남는다 해도 새는 여전히 고귀하고, 스스로 고귀하다는 것을 깨닫습니다. 따라서 새는 고귀에 대한 염려 없이도 고귀합니다. 누군가에 의해 높여지지 않더라도, 고귀합니다. 둥근 하늘 아래 너무 많은 방이 있습니다. 어떤 방도 하찮지 않습니다.

저 고독한 새를 보십시오. 단 하나의 미동도 없이, 얼마나 평화롭게, 얼마나 당당하게 저 높이 솟아오르는지요! 새는 단 한 번의 날갯짓으로도 자신을 돕지 않습니다. 만일 당신이 열심히 당신의 일을 시작했다면, 그리고 몇 시간 후에 같은 장소로 돌아왔다면, 보십시오. 저 새는 공중에 변함없이 서 있습니다. 당당하게 날개를 편 상태로 쉽니다. 날개를 움직이지 않는 동안, 땅을 관찰합니다.

맞습니다, 훈련받지 않은 눈에게 공기 중이나 물 위에 있는 거리를 측정하는 것이 어렵습니다. 그러나 아마도 새는 한 발짝도 위치를 바꾼 적이 없습니다. 새는 한 번도 발을 디딘 적 없이 서 있습니다. 왜냐하면 공중에 떠 있으니까요. 그래서 편안하고 고귀하게 거기에 서 있는 것입니다. 이런 식으로 표현하자면, 새는 마치 지배자처럼 거기에 서 있습니다. 어떤 지배자가 이렇게 평온할 수 있을까요?

새는 아무것도 두려워하지 않습니다. 어떤 위험도, 그 아래의 어떤 심연도 보지 않습니다. 새는 그런 높이에서도 어지러워하지 않습니다. 새의 눈은 절대 흐릿해지지 않습니다. 아, 어떤 사람도 이 새 만큼 그렇게 깨끗하고 날카로운 시력을 가진 적이 없지요. 비천한 가운데 고귀함을 질투했던 사람조차도 말입니다.

저 공중에서 그렇게도 평온하게 새를 붙들고 있는 것은 무엇인가요? 그것은 고귀함입니다. 고귀함 자체에는 어떤 위험도 없습니다. 고귀함 아래 어떤 심연도 없습니다.

고귀함 아래 그 고귀함보다 더 낮은 고귀함이 있고 그런 식으로 계속될 때만, 다시 말해, 고귀함 아래 누군가 있을 때, 그 아래에 무언가 있습니다. 그때 그 아래 심연 또한 존재합니다. 그러나 새 중에는 어떤 비천한 새도 없습니다. 따라서 새는 그 아래 어떤 심연도 없이 고귀합니다. 따라서 새에게는 심연과 함께, 심연에서 나타나는 어떤 염려도 없습니다.

새는 다른 새보다 더 높지 않기에 고귀합니다. 따라서 이 고귀의 염려가 없습니다. 이런 식으로 새는 선생입니다. 이것이 교육을 위한 접촉점입니다. 이런 식으로 고귀하기에 염려 없이 존재할 수 있습니다. 누군가 말합니다.

"이런 식으로 고귀한 것은 결코 고귀한 게 아니야. 이런 식으로 새의 고귀함에 대해 말하는 것은 말장난에 불과하지."

이것은 이 사람이 가르침을 받기 원치 않는다는 것을 보여줄 뿐입니다. 또한 그가 교실에 조용히 앉아 있기보다 수업을 방해하려는 심술궂은 아이라는 사실을 보여줄 뿐입니다. 그가 새를 이해하는 데 수고하기 원치 않는다면,

새의 가르침에 순응하여 자신의 생각을 바꾸는 법을 배우는 대신 새를 비난하기 원하고 새에 대한 자신의 생각을 고집한다면, 따라서 선생으로서의 새를 거부한다면, 새에게서 무언가를 배우는 것은 불가능합니다.

새의 명예를 걸고 말해야 합니다. 바로 이것이 새에게서 아무것도 배울 수 없는 유일한 방법입니다. 그러나 고귀함과 관련해 무언가 배우기 원하는 사람은, **고귀하면서도 염려 없이 살 수 있는 유일한 방법은 고귀하면서도 다른 사람보다 더 높지 않은 데에 있다는 것을 배웁니다.**

고귀한 그리스도인에게는 이 염려가 없습니다.

그때, 고귀한 그리스도인은 어떤 사람인가요? 세속적인 방법으로 그의 신분이 왕인지, 황제인지, 군주인지, 혹은 그런 종류와 같은 것인지 묻는다면, 물론 이런 질문에 일반적으로 대답하기는 불가능합니다. 그러나 기독교적인 의미에서 묻는다면, 대답은 쉽습니다. 그는 그리스도인입니다. 그리스도인으로서, 그는 하나님과 이야기할 때, 문을 잠그는 것에 대해 압니다.[03] 이 사람이 하나님과 대화하고 있다는 것을 누구도 찾지 못하게 하기 위해서가 아니라, 누구에게도 방해받지 않도록 하기 위함입니다. 그는 하나님과 대화할 때, 이 세상의 모든 것을, 이 모든 거짓된 화려함과 영광을 버릴 뿐만 아니라, 모든 착각의 비진리도 버립니다.

사람을 차별하지 않고 외모를 취하지 않는 하나님이 하늘에 계시다는 것을 그는 믿습니다.[04] 모든 인류를 지배하는 자가 있다 해도, 우리가 그런 자를 상상할 수 있다면, 하나님께는 그가 가장 비천한 자보다 조금도 중요한 인물이 아니라는 것을 고귀한 그리스도인은 믿습니다. 네, 이 지배자도 땅에 떨어지는 참새보다도 중요하지 않습니다.[05]

따라서 이 지배자가 삶의 매순간마다, 셀 수 없는 방식으로, 모든 사람들 혹은 셀 수 없이 많은 사람들에게 중요한 존재이기에, 많은 사람들의 삶에 직접적으로 중요하기 때문에 스스로 더 강건해져야 한다고 느낀다면, 그렇게 생각하는 것이야말로 착각이라는 것을 그리스도인은 깨닫습니다.

절대로 없어서는 안 될 인물이기에, 자신이 죽으면 수많은 사람들이 애도할 것이라는 확실한 예감 때문에, 이 지배자가 평생동안 인생 최고의 정점을 즐기고 있다면, 따라서 그의 삶이 하나님에게도 더 중요할 것이라고 생각하는 것, 이것이야말로 착각이라는 것을 고귀한 그리스도인은 깨닫습니다.

하나님께 있어 그 지배자는 땅에 떨어지는 참새보다도 중요하지 않습니다. **그가 여태껏 살았던 사람 중 최고의 권력자라 해도, 여태껏 살다 간 사람 중에서 가장 현명한 자라 해도, 그 어떤 위대한 사람이라 해도, 땅에 떨어지는 참새보다도 중요하지 않습니다.**

(권력자 없이는 살 수 없다고 말하는 수많은 사람들의 이야기에 귀를 기울이는 대신) 고귀한 그리스도인은 믿습니다. 하나님의 뜻이 아니면 단 한 마리의 참새도 땅에 떨어지지 않을 뿐만 아니라, 어떤 참새도 태어날 수 없고, 존재할 수 없다는 사실을 말입니다. **살기 위해서는 언제나, 매순간마다 바로 이 하나님만을 언제나 필요로 하는 자가 권력자(지배자)라는 사실을 믿습니다.**

우리 나머지는 아마도 이것을 다르게 이해합니다. 우리가 지배자[06]를 위해 기도하는 이유는 우리가 그를 필요로 하기 때문이라는 것, 그가 계속 살아 있어야 할 필요가 있다는 것입니다. 그러나 하나님과 함께 하고 있는 그리스도인은 이것을 다르게 이해합니다. 지배자의 과업이 비교할 수 없을 정도로 중요하기 때문에, 다른 어떤 사람보다 더 기도 받을 필요가 있다는 것입니다.

고귀한 그리스도인은 하늘에 계신 하나님, 자신의 뜻을 실행하시는 하나님은 변함이 없다는 것을 믿습니다. 만물이 그분께 폭동을 일으킨다 해도, 그것이 그분께는 아무런 의미가 없습니다. 변함이 없으신 하나님은 순종을 원하십니다. 가장 큰 자나 가장 작은 자에게도, 가장 일상적이고 시시콜콜한 일처럼 세계 역사에 가장 넓게 퍼져 있는 눈곱만큼의 보잘것없는 것들에게도 하나님은 순종을 원하십니다. 가장 연약한 자에게 만큼이나 여태껏 살아있던 자 중에서 가장 강력한 권력자에게도 동일하게 순종을 원하십니다. 그분의 뜻이 아니면, 어떤 것도, 정말로 아무것도 일어나지 않는 모든 자연에서도 동일하게 순종을 원하십니다.

따라서 누군가 그리스도인으로 하여금 다음과 같이 믿게 하려 한다면, 그리스도인은 이것이 착각이라는 것을 깨닫습니다. 권력자로부터 나온 권위 있는 말은 수천 명 혹은 그 이상을 움직일 수 있기 때문에, 세상의 모양을 바꿀 수 있기 때문에, 수많은 군중이 그를 감싸고 이 권위자의 웃음을 얻으려고 하기 때문에, 하나님은 이 권력자를 향해서는 다르게 대우하실 것이라고 그리스도인에게 믿게 하려 하는 것, 이것은 착각입니다.

하나님께서 다른 모든 사람들보다 그 권력자를 다르게 대우한다는 것, 무조건적으로 다른 모든 사람보다 그를 다르게 대우한다는 것, 변함 없으신 하나님도 권력자를 향해서는 동일하게 변함 없으신 분이 아니라는 것, 영원히 변하지 않는 분, 바위보다 더 변함이 없는 분께서, 권력자에게만은 동일하게 변함 없으신 분이 아니라는 것을 고귀한 그리스도인에게 믿게 하려는 것, 이것은 착각입니다.

그러나 하나님은 확실히 전능하게, 그분의 전능하신 말씀으로 만물을 훨씬 더욱 끔찍하게 바꿀 수 있습니다. 왕권과 정부도 바꿀 수 있습니다. 심지어 하늘과 땅도 바꿀 수 있습니다. 그리스도인은 이 하나님 앞에서 죄인이라는 것을 믿습니다. 이 하나님은 어떤 죄인이든지, 동일하게 죄에 대하여 질투하신다는 것을 믿습니다.

누군가 고귀한 그리스도인에게 다음을 즐기게 하려 한다면, 이것은 착각이라는 것을 그리스도인은 깨닫습니다. 그리스도인이 관리하는 일 중에서 잘못한 것이 무엇이고, 완성하지 못한 일은 무엇인지 어떤 사람도 조사조차 할 수 없다는 것, 그 누구도 앉아서 감히 그를 심판할 수 없다는 것, 이런 것들을 그리스도인으로 즐기게 하려 한다면, 그것은 착각입니다.

따라서 (인간적으로 말해 죄의 결과가 아무리 다르더라도, 하나님 앞에서 가장 비천한 자나 가장 강한 권력자나 죄를 짓는 것이 일반이기 때문에, 가장 비천한 자나 가장 큰 권력자나 용서받을 수 있는 것이 다르지 않기 때문에) 의로우신 하나님께서 인간의 능력에 놀란 나머지, 율법의 엄격성에 따라 감히 인간을 심판할 수 없다고 생각하는 것, 그것은 착각입니다.

고귀한 그리스도인은 은혜로우신 하나님의 용서가 매 순간 필요한 사람이라고 믿습니다. 따라서 그는 하나님께서 이 땅에서 비천함 가운데 걸으셨고, 이 세상의 모든 힘과 권력을 이런 식으로 아무것도 아니게 심판하셨다는 것을 믿습니다. 어떤 사람도 어린 아이와 같이 되지 않고서는 하나님의 나라에 들어갈 수 없듯이,[07] 어떤 사람도 비천한 자가 되지 않고서는 그리스도께 나올 수 없다는 것을 믿습니다. 어떤 사람도 자발적으로, 있는 모습 그대로, 아무것도 아닌 존재가 되지 않고서는 그리스도께 나올 수 없다는 것을 믿습니다.

그리스도께서 비천한 자가 아닌 매우 고귀한 사람을

제자로 선택하셨다 해도, 그리스도께서 선택한 사람들이 제자가 되기 위해서는 먼저 비천한 자가 되지 않으면 안 되었다는 것을 고귀한 그리스도인은 믿습니다. 그리스도께서 사람을 외모로 취하지 않는다는 것을 믿습니다. 왜냐하면 그리스도께는 비천 밖에 없기에, 어떤 건강한 자[08]도 그리스도께 구원받은 적이 없거나, 앞으로도 구원받을 수 없는 것이 확실한 것처럼, 역시 고귀한 사람도 그분으로 인해 구원받을 수 없고, 오직 비천한 자만이 구원받을 수 있다는 것을 믿습니다. 어떤 사람도 비천한 자처럼 되지 않고서는 그리스도인이 될 수도 없고 그리스도인도 아닙니다.

"그러나 그때 고귀한 그리스도인은 근본적으로 비천한 그리스도인처럼 비천해지는가?"

확실히 그렇습니다.

"그러나 고귀한 그리스도인은 얼마나 고귀한지 스스로 알고 있지 않은가?"

아니오, 그는 근본적으로 그것을 알지 못합니다.

> "그렇다면, 이 강화는 이 세상의 고귀함에 대하여,
> 직함이나 계급과 이런 염려에 대하여 말하지 않음으로
> 써, 실제로는 독자들을 속이는 것이 아닌가!"

그럴 수도 있지만 그럼에도 불구하고 그렇지 않습니다. 이 강화는 그를 속인 적이 없습니다. 왜냐하면 **고귀한 그리스도인은 이 염려를 모르기 때문입니다.** 이 강화는 바로 저 주제에 대한 것입니다. 그리스도인에게 이 염려가 없다는 것 말입니다. 어떤 강화가 이것을 더 신실하게 표현할 수 있겠습니까? 그에게 이 염려가 없다는 것을 장담하고 또 장담하는 것인가요, 아니면, 실제로 고귀한 사람을 사로잡고 있는 것, 곧 '**비천**'에 대해 말함으로써, 그에게 저 '**고귀**'의 염려가 전혀 없다는 것을 비천의 침묵 가운데 함의하고 있는 것인가요?

비천한 자만이 지니는 능력을 가졌거나, 혹은 비천한 자처럼 될 때만이 그리스도인이 될 수 있습니다. 그리스도인이 되는 것(또한 이런 식으로 존재하는 것)은 물론 한 가지 생각에서 비롯된 것입니다. 그러나 이것은 또한 이

중의 생각이기에, 결과적으로 두 가지 관점double-visioned, dobbeltsynet이 있습니다. 다시 말해, **비천한 그리스도인이 자신의 고귀함을 이해하는 것과 고귀한 그리스도인이 스스로 비천함을 이해하는 것은 하나이며 같은 생각입니다.**

고귀한 그리스도인은 이 생각Forestillingen(기독교적인 생각)이 그에게서 능력과 고귀함(세상적인 것)을 빼앗을 수 있도록 허용합니다. 또는 이 생각의 힘에 굴복합니다. 그리하여 그리스도인이 되기 위하여, 그리스도인이기 위하여, 그렇게 될 수밖에 없는 비천한 자가 됩니다.

배우가 전날 저녁에 왕 연기를 했다고 해서, 왕이 되고 싶어 거리를 활보하고 돌아다녔다면, 우리 모두는 아마도 그를 비웃었을 것입니다. 한 아이가 소꿉놀이에서 '황제'역할을 한 후에 어른에게 가서 스스로 황제인 척했다면, 우리 모두는 이 아이를 비웃었을 것입니다. 배우의 연기와 아이의 소꿉놀이는 현실이 아니기 때문이지요.

그러나 기독교적인 의미에서, 현실에서 고귀한 자가 되는 것은 실제가 아닌가요? 실제적인 것은 영원한 것이고, 본질적으로 기독교적인 것입니다. 진정한 고귀함이란 기독교적인 고귀함입니다. 그러나 **진정으로 기독교적인 고귀함에서는 어떤 사람도 다른 사람보다 더 높지 않습니다.**

따라서 고귀한 자가 되는 것은 진정한 고귀함과 비교할 때, 실제가 아닙니다. 기독교적인 의미에서, 고귀한 그리스도인이 '스스로' 이 땅에서의 고귀함, 그의 이른바 실제 고귀함을 보고 미소 지을 때—그러나 다른 사람이 미소 짓는 것, 그것은 기독교적으로 어떤 지원할 수 있는 근거도 없습니다. 단지 세속적이고 혐오스러운 오만으로만 가능합니다.—그것은 적절합니다. 왜냐하면 기독교적인 고귀함만이 실제의 고귀함이니까요.

그러나 그때, 비천한 자보다 고귀한 자가 그리스도인이 되는 것이 더 어렵지 않았던가요? (우리는 결국 고귀한 그리스도인에 대해 말하고 있습니다.) 이 질문에 대해 성서는 그렇다고 말합니다. 확실히, 사람들은 고귀한 자만큼이나 비천한 자 역시 그리스도인이 되는 것이 똑같이 어렵고, 똑같이 쉽다고 생각합니다. 왜냐하면 그들이 말하기를, 논의하고 있는 비천함이란 외재적인 것이 아니라 내재적인 것이며, 자신이 비천하다는 감정이라는 것입니다. 이런 점에서 고귀한 자도 비천한 자처럼 그런 감정이 있을 수 있다는 것입니다.

그러나 <u>본질적으로 기독교적인 것은 외재적인 비천함에 대해 말할 수 있는 너무 큰 영적 능력입니다.</u> 정말로 그렇습니다. 그렇지만 성서는 인간의 마음에 대해 잘 알고 있고, 신중하기 때문에 이 비천함에 대해 다르게 말합니다. 문자 그대로 비천한 사람이 되는 것에 대해 말합니다.

이것이 본보기가 말하는 방식입니다. 그분은 모든 말이나 표현보다 더욱 강력하게 증거하고 계십니다. **'그분'**은 실제로 이 땅에서 비천하게 사셨습니다. 따라서 그분이 본보기가 되기로 결심하셨을 때, 고귀한 자가 되지 않기를 선택한 것이고, 속사람에서만 비천한 자가 되기를 선택한 것이 아닙니다. 그분은 문자 그대로 비천한 자였습니다. 왕이 어쩌다가 그의 신분을 내려놓거나, 혹은 신하로 알려질 때, 결과적으로 그의 겸손으로 인해 더욱 존경받게 되는 것과 달리, 그분은 완전히 다르고 진지하게 비천한 자였습니다.[09]

보십시오, 전체 단어와 구절들을 읽는 것과 관련해 영적인 삶에 있어서도 맞춤법을 옳게 쓰는 것에 상응하는 면이 있습니다. 사람은 결국 전체 삶의 내용이 "무효화된 요소annulled elements, ophævede Momenter"[10]가 되지 않도록, 삶이 공허한 무효annulment가 되지 않도록, 삶을 올바르게 말하고spell out, 천천히 진행하고, 부분들을 서로 명확하게 분리합니다.

그리스도인이 되는 것과 관련해, 외재적인 장점을 얻는 것도 이와 마찬가지입니다. 기독교는 문자 그대로 비천한 자가 되는 것이 그리스도인이 되는 것과 같은 뜻을 지닌다고 가르친 적이 없습니다. 또한 문자 그대로 비천한 자에서 그리스도인이 되는 것이 직접적이고 불가피한 변화라고 가르친 적이 없습니다. 세상적으로 고귀한 자가 모든 권력을 포기했더니 그리스도인이 되었다고 가르친 적이 없습니다. 문자적인 비천함에서 그리스도인이 되는 것으로의 변화는 단지 한 과정에 불과합니다. 문자 그대로 비천한 자가 되는 것은 그리스도인이 되기 위한 불행한 소개 introduction가 아닙니다. 외재적 장점을 소유하는 것은 우회로입니다. 조금 더 불안한 사람에게는 이 길에 대해 이중으로 소개해야 할 필요가 있습니다.

저 엄밀한 과학에서,[11] 작도선이나 보조선help-line, Hjælpelinie에 대하여 말하지요. 말하자면, 보조선을 그리지만 혹은 보조선 없이도 원리를 증명할 수 있습니다. 그러나 증명하기 위해서 그렇게 하는 것이 아니라, 스스로 돕기 위해서 그렇게 하는 것입니다. **보조선을 필요로 하는 것은 자기 자신이지, 증명 자체가 아닙니다.**

외재적인 장점을 소유하고 있는 자가 멸시당하고, 비천

하게 되고, 문자 그대로 가난하게 됨으로써 스스로를 도울 때도 이와 마찬가지입니다. 그가 그렇게 하지 않는다면, 그는 감히 자기 자신을 신뢰하기 위해 스스로를 감시해야 합니다. 이 모든 외재적인 명성과 고귀함 중에 아무것도, 그가 사람들 중에 비천한 자가 될 수 없을 만큼 스스로 눈멀게 할 수 없었다는 것을 확신하기 위해서라도 스스로를 감시해야 합니다.

이것이 이런 식으로 이루어질 수 있다는 것은 부정할 수 없습니다. 기독교는 그 누구에게도, 문자 그대로 외재적인 장점을 포기해야만 한다고 무조건적으로 요구한 적이 없습니다. 오히려 그에게 예방적 차원에서 약간의 방책을 제시했습니다. 한 때 당신이 불안하여 가는 길을 하나씩 두들겨 보고 앞으로 나아갔다고 생각했던 것처럼, 이 사람에게도 역시 이 방책이 필요하다고 생각하지 않나요?

오, 이런 식으로 완전하게 자기 자신을 확신해야 하다니, 이 얼마나 힘겨운 삶인가요! 고귀함은 모든 것들에 의해 둘러싸여 속고 있습니다. 그리하여 그는 단순한 노동자라는 사실을 쉽게 받아들입니다. 왜냐하면 그리스도인이 되는 것은 무한히 중요해서, 당연히 가장 엄격한 자기 시험을 통해 이것 중에 어떤 것도 눈곱만큼도 그를 속일 수 없다는 것을 확신하기 때문입니다! 화약고에 살면서 불과 양초를 다루어야 한다니 얼마나 극도의 긴장감인가요! 그러나 이런 환경에서 그리스도인이 되는 것은 얼마나 힘겨운 긴장감인가요!

이런 식으로 사는 것은 얼마나 힘든 삶인가요! 당신이 이 땅의 고귀함으로부터 비천함을 통해 기독교적인 고귀함에 도달하기 위해 여기에서 진행된 것보다 이전의 강화에서 비천함으로부터 기독교적인 고귀함에 도달하는 것이 얼마나 쉬운 것인지를 고려한다면, 이것은 이생에서의 매일의 어려움에 대한 희미한 암시에 불과합니다.

그러나 이것이 고귀한 그리스도인이 사는 방식입니다. 이 사람에게는 능력과 명예와 위엄이 있습니다. 이 땅의 삶의 장점들을 소유하고 있습니다. 그러나 그럼에도 아무 것도 없는 자와 같습니다. 그는 자신의 주위에 있는 이 모든 것들을 봅니다. 마치 마법에 걸린 것처럼 그에게서 한 징후가 나오기를, 한 소원이 생기기를, 이 얼마나 기다려지는 일인가요. 그러나 더 큰 마법의 힘으로 인해, 그는 이 모든 것들을 보지 못하는 자와 같습니다. 그는 이 모든 것을 듣습니다. 언제나 아부에 가까운 소리를 들을지도 모릅니다. 그러나 그의 귀는 꽉 막혀 있습니다. 그에게 이 모든 것은 연극에서 왕이 되는 것과 같습니다. 소꿉놀이에서 아이가 황제가 되는 것과 같습니다. 왜냐하면 이 사람이 그리스도인이니까요.

그리스도인으로서 그는 진정으로 고귀한 상태에 있습니다. 왜냐하면 기독교적인 의미에서, 하나님 나라에서, 이것은 하늘 아래에 있는 것과 같기 때문입니다. 거기에서 모든 것은 다른 어떤 것들보다 더 높은 것이 없는 상태로 고귀합니다. 새는 다른 새보다 더 높이 있지 않은 상태에서 고귀합니다.

따라서 그에게는 고귀의 염려가 없습니다. 말씀드렸다시피, 이런 방식으로 그렇게 될 수 있기 때문입니다. 이런 방식으로 고귀할 때, 그때 이 사람은 새이거나, 사람이면서도 새와 같다면, 그는 그리스도인입니다. 세속적인 의미에서 높은 자이든 낮은 자이든 그것은 중요하지 않습니다.

하지만 고귀한 이방인에게 이 염려가 있습니다.

고귀한 이방인은 이 세상에서 하나님 없이 살아갑니다.[12] 고귀한 그리스도인이 이 땅의 고귀함에 대해 무지하

<u>다면, 이방인은 진정한 고귀함의 본질에 대해 무지합니다.</u> 이 땅의 고귀함 말고는 어떤 고귀함도 알지 못합니다. 고귀함이 원래 어떤 모습인지 이 사람은 알 수가 없습니다. 왜냐하면 이 고귀함은 본질적으로 비진리이며, 고작 냄새 miasma[13] 이고 착각이기 때문입니다. 이것이 이렇다는 진실 말고는 이것은 진리에 대한 어떤 지식도 제공하지 않습니다.

그는 철저하게 높은 것, 더 높은 것, 가장 높은 것, 완전히 가장 높은 것에 대한 정보를 얻지만, 이 모든 것들의 바탕에는 아무것도 없다는 것을 깨닫지 못합니다. 그러므로 이 사람이 알고 있는 모든 것은 결국 **아무것도 아닙니다. 이런 무**nothing에서 그는 자신의 자리를 차지하고 있습니다. 그곳에서 그는 아무것도 아닌 것들의 도움을 받아 결정합니다.

우리는 꿈속에서 가위눌린 사람에 대해 말할 때가 있습니다. 이 사람은 숨을 헐떡거리며 신음하고 있지만 조금도 움직이지 못합니다. 고귀한 이방인도 이와 마찬가지입니다. 그는 지금 높이 상승합니다, 지금 하강합니다. 그는 기쁨으로 외칩니다, 탄식합니다, 숨을 헐떡거립니다, 신음합니다. 그러나 **조금도 움직이지 못합니다.**

지금 이 사람보다 더 높이 상승한 다른 사람이 있습니다. 지금 고귀함에서 내팽겨진 자도 있습니다. 그러나 아무것도, 그 아무것도, 심지어 최후의 순간에도 잠에서 그를 깨울 수 없습니다. 착각에서 그를 분리할 수 없습니다. 그의 눈을 뜨게 하여 전체가 아무것도 아니라는 사실을 보게 할 수 없습니다.

그러나 이것이 정말로 아무것도 아닌가요? 그를 보는 것 외에, 이것이 아무것도 아닌 게 아니라는 걸 입증할 어떤 더 좋은 증거가 필요할까요? 그가 어떻게 싸워왔고, 몸부림쳤고, 갈망했고, 얼마나 큰 뜻을 품었는지, 그가 어떻게 한 순간의 쉼도 얻을 수 없었는지, 받은 뇌물을 통해 얼마나 많이 봉사를 받은 것인지, 그가 그토록 구했던 것을 이해하는 데 있어 이것들이 그에게 도움이 될 수 있도록, 그가 얼마나 많이 어울렸는지 그를 보는 것 말고 어떤 더 좋은 증거가 있습니까?

이것은 여전히 아무것도 아닌가요? '무nothing'가 그렇게도 많이 사람을 움직일 수 있는 겁니까? 그때, 저 바쁜 사람은 무언가 잘못하고 있음에 틀림없습니다. 그가 네 명의 직원을 두고 있고 먹을 겨를도, 마실 겨를도 없기 때문에 큰 사업을 하고 있다고 결론을 짓는 사람은 무언가 문제가

있어 보입니다.[14]

이것이 고귀한 이방인이 고귀한 중에 살아가는 방식입니다. 자신이 고귀하고 그 밑에 많은 사람들이 있다는 것, 그는 이것을 너무나 잘 압니다. 그러나 그가 모르는 것은 그 아래의 것입니다. 그의 아래에, 거기에 심연이 있다는 것, 그는 그것을 알지 못합니다. 다시 말해, 이미 언급한 대로, 누군가 다른 사람보다 고귀함에서 더 높이 있을 때, 혹은 그 아래에 다른 사람들이 있을 때, 그도 역시 그의 아래에 심연을 가집니다.

다른 아무것도 모르며 자신이 지닌 이 땅의 고귀함 말고는 아무것도 생각하지 않는 고귀한 이방인은 진정한 고귀함에 대한 지식이 부족합니다. 그렇기 때문에 그는 이 땅의 고귀함에 대해 전혀 알지 못하는 상태로 맴돌았던 것입니다. 그의 아래에는 심연이 있습니다. **심연으로부터 염려가 올라옵니다. 혹은 그는 염려 속으로 침몰합니다.**

염려란 무엇인가요? 점점 더 고귀해지려는 갈망입니다. 그러나 그것은 아무것도 아닙니다. 왜냐하면 그 전체가 다무nothing이기 때문입니다. 고귀함에도 점점 더 높이 올라가려는 갈망입니다. 다시 말해, 심연에 대한 염려로 점점 더 낮은 곳으로 침몰하는 것입니다. 세속적 고귀의 염려에 심연의 염려 말고 다른 무엇이 있겠습니까!

염려란 무엇인가요? 이 염려란 어떤 사람에게도 교활함으로, 힘으로, 허위로, 혹은 진리로 자신의 착각을 빼앗기지 않으려는 것입니다. 따라서 그는 모든 면에서 스스로 안전하게 지키고 있습니다. 그는 어디든지 위험을 보고 있으니까요. 어디든지 탐욕을, 어디든지 질투를, 어디든지 유령을 보고 있으니까 말입니다. 당연한 듯 말이죠. 염려하는 사람에게는 한밤중이 아니더라도 착각 속에 공포가 있는 것만큼이나 그 착각을 소름끼치게 할 만한 많은 것들이 있으니까요.

마침내 염려는 자신의 먹잇감을 삼킵니다. 뿌리 없는 썩은 나무가 어두운 가운데 빛을 내듯이, 수증기 가운데 있는 흐릿한 도깨비불이 안개 속에서 감각을 속이듯이, 이 사람도 역시 이런 이 땅의 고귀함의 눈부신 화려함 가운데 다른 사람 앞에 존재합니다. 그러나 그 자신self은 존재하지 않습니다.

그의 속사람은 무nothingness에 봉사하다 타 죽었고 그속이 제거된 것입니다. 그는 자신을 통제하지 못한 채, 허무의 노예가 된 것입니다. 이 어지러운 세상의 권력을 추구하다가 하나님을 잃어버리고 사람이기를 멈추었던 것입니다. 그의 속사람은 죽은 자와 같습니다. 그러나 이 사람의 고귀함은 우리들 사이에서 유령처럼 걷고 있습니다. 그의 고귀함은 그렇게 살아 갑니다.

당신이 그와 이야기 할 때, 사람과 이야기 하는 것이 아닙니다. 그가 고귀함을 갈망할 때, 그는 스스로 갈망한 것이 되어 있었습니다. 다시 말해, 사람처럼 여겨졌던 직함입니다. 공허함과 천박함이 그 속에 있습니다. 진실로, 거기에 아무것도 없습니다. 그러나 그 모습은 거기에 있습니다. 지나가는 행인에게 존경을 명령했던 세속적인 고귀의 흔적을 지닌 저 뽐내는 모습 말입니다. 반면, 그는 장례식에서 자신의 훈장을 지닐 정도의 쿠션처럼 이 모든 고귀함을 지닙니다.

오, 비천과 비참함에서 알아볼 수 없는 사람을 보는 것은 얼마나 끔찍한가요! 사람임을 발견할 수 없을 만큼 저 비참함을 보는 것은 얼마나 끔찍한가요! 그러나 인간적인 고귀함을 보는 것, 보십시오, 그것은 사람이 아닙니다. 두렵습니다. 사람이 예전에 지녔던 고귀함의 어두운 그늘처럼 걷고 있는 것을 보는 것은 끔찍할 수 있습니다. 그러나 세속적인 고귀함을 보는 것, 그 속에서 사람의 그림자를 찾을 수 없는 것, 이것은 두려운 일입니다.

죽음이 이 사람을 아무것도 아닌 존재로 바꾸지 못할 것입니다. 그는 매장될 필요조차 없습니다. 그가 여전히 살아 있는 동안, 그는 이미 매장되었다고 말할 수 있으니까요. 살아 있으나 무덤에 있는 것처럼 말입니다. 다시 말해, 그때 그 말은 이렇습니다. "여기 이 땅의 고귀함을 보십시오!"

우리가 이제 새를 생각하며 결론을 지읍시다.

새는 저기 복음 속에도 있고 여기 이 강화에도 있음에 틀림이 없습니다. 새는 고귀하면서도 고귀의 염려가 없습니다. 다른 사람보다 더 높이 올라간 그리스도인의 이 땅의 고귀함 중에도, 고귀한 그는 고귀의 염려 없이 고귀합니다. 염려하는 고귀한 이방인은 심연 가운데 있습니다. 이 사람은 실제로 고귀하지 않으나, 심연에서는 고귀합니다. 새는 고귀하고 그리스도인도 고귀하지만, 이방인은 심연 가운데 있습니다.

새의 고귀함은 그리스도인의 고귀함의 상징입니다. 결과적으로 그리스도인의 고귀함의 상대는 새의 고귀함입니다. 이해를 돕기 위해, 이 둘은 무한한 차이가 있음에도 불구하고 서로 일치합니다. 당신은 그리스도인의 고귀함을 이해함으로써 새의 고귀함을 이해하고, 새의 고귀함을 이해함으로써 그리스도인의 고귀함을 이해합니다. 이방인의 고귀함은 어디에도 없습니다. 하늘 아래에도, 하늘에서도.

새의 고귀함은 그림자이고 그리스도의 고귀함은 실재이지만, 이방인의 고귀함은 무nothingness**입니다.** 새는 자기 자신 안에 공기를 지니고 있기 때문에, 고귀한 중에도 자기를 지탱할 수 있습니다. 고귀한 이방인은 자신 안에 허무를 지니고 있기 때문에, 그의 고귀함은 착각입니다. 고귀한 그리스도인은 자신 안에 믿음을 지니고 있기 때문에, 이 땅의 심연 위에서도 고귀하게 맴돌 수 있습니다.

고귀한 중에 그리스도인은 결코 새를 잊지 않습니다. 왜냐하면 그와 새와의 관계는 등대와 선원의 관계 그 이상이니까요. 새는 선생입니다. "당신이 고귀한 중에도 나를 기억하세요."라고 그리스도인에게 말할 때, 새는 학생보다 훨씬 능가하는 선생입니다.

고귀한 이방인은 결코 새를 본 적이 없습니다. 새는 고귀하지만, 실제로는 고귀함을 향해 가는 중에 있습니다. 새가 이것을 이해할 수 있다면, 침몰하고 말 것입니다.

그리스도인은 이것을 이해하고 있고, 바로 이 이해를 통해 고귀함은 달성됩니다. 그렇지만 **기독교 교리에 의하면 단 하나의 고귀함이 있습니다. 그것은 그리스도인이 되는 것입니다. 또 단 하나의 심연이 있습니다. 그것은 이교도** _{paganism}**입니다.**

어떤 새도 전자를 얻지 못했고, 후자로 날아가지도 않았습니다. 새는 이 심연으로 날아갈 수가 없습니다. 새는 가는 도중에 죽을 수밖에 없습니다. 어떤 새도 이 고귀함을 얻을 수가 없습니다. 새는 가는 도중에 있을 뿐입니다. 따라서 새는 고귀한 중에 행복하고 심연에 대해 무지하지만, 또한 축복에 대해서도 무지합니다. 그리스도인은 고귀한 중에 복이 있습니다. 고귀한 이방인은 복을 받을 수 없고 심연 가운데 길을 잃어 버립니다.

참고 자료

01 로마 황제의 근위군을 의미한다. 그들은 황제의 신변을 보호하는 역할을 하였으나, 정치, 의식, 체포, 처형 등과 같은 영역에서 점차 영향력이 확대되자, 황제의 자리를 위협하게 되었던 것이다. 주로 보병으로 1부대가 1,000명으로 편성되었으며, 정규군보다 급료가 많고 근무시간은 짧았다고 한다.

02 창세기 4:9, "여호와께서 가인에게 네 아우 아벨이 어디 있느냐? 그가 이르되 내가 알지 못하나이다. 내가 내 아우를 지키는 자입니까?"

03 마태복음 6:6, "너는 기도할 때에 네 골방에 들어가 문을 닫고 은밀한 중에 계신 네 아버지께 기도하라. 은밀한 중에 보시는 네 아버지께서 갚으시리라."

04 사도행전 10:34-35, "베드로가 입을 열어 말하되, 내가 참으로 하나님은 사람의 외모를 보지 아니하시고 각 나라 중 하나님을 경외하며 의를 행하는 사람은 다 받으시는 줄 깨달았도다." 로마서 2:11, "이는 하나님께서 외모로 사람을 취하지 아니하심이라."

05 마태복음 10:29, "참새 두 마리가 한 앗사리온에 팔리지 않느냐? 그러나 너희 아버지께서 허락지 아니하시면 그 하나도 땅에 떨어지지 아니하리라."

06 이 부분은 예배할 때, 왕이나 국가의 통치자를 위해 기도하는 것을 의미한다.

07 마태복음 18:3, "이르시되 진실로 너희에게 이르노니 너희가 돌이켜 어린 아이들과 같이 되지 아니하면, 결단코 천국에 들어가지 못하리라."

08 마가복음 2:17, "예수께서 들으시고 그들에게 이르시되, 건강한

자에게는 의사가 쓸 데 없고 병든 자에게라야 쓸 데 있느니라. 나는 의인을 부르러 온 것이 아니요, 죄인을 부르러 왔노라 하시니라."

09 이하의 단락은 다음을 참고하라.

최종본에서 삭제된 것;

그러므로 그것은 더 타락하고 세련된 다른 시대의 사실이었다. 서로의 확신이 이런 올바르고 정직한 시대만큼이나 크지 않았을 때, 그 시대가 이런 순진한 시대만큼이나 순진하지 않았을 때, 사람들은 "자신의 속사람 속에 존재하는" 인간적 장담들에 대한 유치한 불신을 갖고 있었다는 것은 사실이었다.

그때, 경고로 사람은 조금 심각하게 그것을 취했다. (그것을 최고의 것으로 간주하지는 않았다. 혹은 결정적이지만 초보자를 위한 연습 정도로 여겼다.) 그리고 실제로 자신의 재물을 거저 주었다. (그리스도가 부자 청년에게 하라고 했던 것.) 그는 문자 그대로 가난해졌다. 실제로 세속적인 명예와 존경을 포기했다. 문자 그대로 모욕을 당하고, 조롱을 당하고, 성서에 따르면(누가복음 18:32), 침 뱉음을 당했다. 그는 지상의 고귀함을 떨쳐버렸고, 문자 그대로 비천한 자가 되었다.

현명한 그리스도인들이 그를 놀렸다. 어떤 내색을 하지 않을 만큼 미쳤으니까. 성서를 이해했고 말씀을 따라 엄밀하게 말한 것을 이해할 만큼 어리석었으니까. 그는 현명하고 교양 있는 그리스도인들처럼 영리하게 그것이 아무 것도 아닌 척 하지 못했다. 이방인들처럼 즐겁게 살지 못했다. 이방인들처럼 그렇게 세상의 재물들을 소유하지 못했고 열망하지도 않았다. 그는 그리스도인이 되지도, 기독교의 목사가 되지도 못했고 이런 유리한 거래로 돈을 벌지도 못했다.

물론 더 타락하고 온갖 종류의 허위, 기만, 간계에 익숙한 다른 시대가 있었다. 서로의 신뢰가 상실되었고, 자신의 속사람 속에 존재하는 이런 인간적 장담에 대한 큰 불신이 있었던 시대가 있었다.

10 이 부분은 헤겔의 "지양된 계기"를 의미한다.

지양은 헤겔 변증법의 용어이다. 원어는 '부정(否定)하다', '높이다' 또는 '보존하다'의 뜻을 지닌 말이다. 변증법적 발전에 있어서는 낮은 단계를 부정함으로써 더 높은 단계로 나아가는데, 높은 단계 중에 낮은 단계의 본질은 그대로 보존된다. 이것을 헤겔은 지양이라 불렀다. 다시 말하여 '존재'와 '무(無)'는 모순되고 대립되는데, 이 대립의 부정에 의해 생기는, '생성'은 그 속에 그 계기(契機)로서 보존된다. 높은 단계 중에 보존된 낮은 단계의 본질은 '지양된 계기'라고 일컬어진다.

11 기하학을 의미한다.

12 에베소서 2:12, "그 때에 너희는 그리스도 밖에 있었고 이스라엘 나라 밖의 사람이라. 약속의 언약들에 대하여는 외인이요, 세상에서 소망이 없고 하나님도 없는 자이더니"

13 미세 먼지, 연기, 증기 혹은 안개로 가득 찬 공기를 의미한다. 이런 것들은 언젠가는 사라지고 만다.

14 덴마크의 희극작가 홀베어(1684-1754)의 『바쁜 사나이』의 주인공을 말하고 있다. 다음을 참고하라. Mr. Vielgeschrey in Ludvig Holberg, Den Stundesløse, I, 6, *Den Danske skue-plads,* I-VII (Copenhagen: 1788; ASKB 1566-67), V. no pagination; *The Fussy Man, Four Plays by Holberg,* tr. Henry Alexander (Princeton: Princeton University Press, 1946), 13.

Chapter

5

교만의 염려

Formastelighedens Bekymring

누구도 염려함으로,
그 키를 한 자라도 더할 수 없다.[01]
이는 다 이방인들이 구하는 것이라.

이 염려가 새와 백합에게는 없습니다.

왜냐하면 새도 백합도 교만하지 않으니까요. 교만은
가난과 풍요, 비천과 고귀와 같지 않습니다. 특별한 점을
언급하자면, 가난하다는 것은 이미 정해진 것입니다. 따라
서 과업은 가난한 중에도 가난의 염려가 없이 사는 데 있
습니다. 그러나 여기에서 교만은 그렇지 않습니다. 결국 교
만하다는 것이 이미 정해진 사실이고 따라서 교만하면서
도 교만의 염려 없이 사는 것이 주어진 과업이 아닙니다.

아니, 여기에는 어떤 주어진 것도 없습니다. 과업은 이
것입니다: **교만하지 않기.** 이것이 교만의 염려 없이 살 수
있는 유일한 방법입니다. 다시 말해, 가난이든 풍요든, 비
천이든 고귀든 본질적으로 중요하지 않은 문제이며, 죄를
논할 수 없는 문제입니다. 자신에게 주거나 혹은 새로 만

들어 줄 수 없는 문제입니다. 기독교적으로, 별로 중요하지 않은 문제입니다.

따라서 강화는 즉시 염려로 시작합니다. 강화는 가난하거나 풍요하지 말라고 말하지 않습니다. 비천하거나 고귀하지 말라고 말하지 않습니다. 단지 염려하지 말라고 말합니다. 그러나 교만한 것은 다른 문제입니다. 어떤 사람도 교만한 데에서는 죄가 없지 않습니다. **따라서 이 강화는 교만을 겨냥하고 있지, 염려를 겨냥하고 있는 것이 아닙니다. 교만을 제거하지 않고 염려를 제거한다는 것은 불가능합니다.** 그러나 이것이 가능하다 하더라도, 이 강화는 결코 이것을 하지 않습니다. 여기에서 염려란 교만한 자에게 내린 저주와 같음에 틀림없습니다.

그러나 새와 백합에게는 이 염려가 없습니다. 특별한 백합이 곧게 커서 거의 사람 키에 닿을 때까지 자란다 해도, 자기 키를 한 자나 1인치도 더하여지기를 갈망하지 않습니다. 백합은 조금도 갈망하는 법이 없습니다. 그 키를 다른 백합들과 비교하여 교만하지 않습니다. 그것을 갈망하지 않습니다. **비교하여 더 크기를 갈망하는 것, 그것이 교만입니다.**

노란색 참새가 화려한 옷을 입고 있다는 것, 그러나 회색 참새는 초라한 옷을 입고 있다는 것, 이것은 노란색 참새 입장에서의 교만이 아닙니다. **회색 참새는 노란색 참새를 갈망하지 않습니다. 그러나 그것을 갈망하는 것, 그것이 교만입니다.**

새가 아찔한 높이에서 돌진하며 내려올 때, 거기에는 어떤 교만도 없습니다. 하나님을 시험하지도 않습니다. 그분은 새를 더욱 안전하도록 지키시는 분입니다. 그분은 돌에 부딪혀 발이 상하지 않도록 모든 천사가 붙들고 있는 것보다 더욱 새를 안전하게 붙드십니다.[02]

풀이 자라나는 것을 새가 아무리 명확히 본다 해도, 거기에는 어떤 교만도 없습니다. 금지된 것을 날카로운 시력으로 침범하는 일이 없습니다. 밤의 어두움 가운데 명확히 볼 수 있다 해도 마찬가지입니다. 왜냐하면 새는 금지된 수단으로는 그렇게 할 수 없으니까요. 새가 하나님에 대해 무지할지라도, 거기에는 교만이 없습니다. 왜냐하면 새는 순진하게 무지하기 때문이며, 정신 상실spiritless의 무지가 없기 때문입니다.

따라서 새도 백합도 교만에 대해서 죄가 없습니다. 명백히 교만의 염려도 없습니다. 왜 그런가요? **왜냐하면 새와 백합은 끊임없이 하나님의 뜻을 원하고 있고, 끊임없이**

하나님 뜻대로 행하기 때문입니다. 새는 끊임없이 하나님의 뜻을 원하며, 끊임없이 하나님 뜻대로 행하기 때문에, 언제나 염려 없이 자유를 만끽합니다.

새가 멋지게 공기 중에 날아가다가, 갑자기 내려앉고 싶은 생각을 하다가, 나뭇가지에 앉습니다. 이것이 조금 이상할 수도 있으나, 정확히 하나님이 새에게 원하는 바입니다. 어느 날 아침에 일어나자마자, "오늘 너는 떠나야만 하지"라는 결정을 내렸을 때, 새는 수십 마일을 여행합니다. 이것이 조금 이상할 수도 있으나, 정확히 하나님이 새에게 원하는 바입니다.

황새가 기나긴 여행을 몇 번이고 왔다 갔다 해도, 이 특별한 시기에 여행하는 것 말고는 다른 것을 할 수가 없습니다. 황새는 이 시기에 여행하는 특별한 방법 말고는 다른 어떤 방법도 알지 못합니다. 다음 여행을 위해 길에 어떤 표시를 해두는 법도 없습니다. 다음 여행을 위해 시간을 적어 놓지도 않습니다. 황새는 미리 아무것도 생각할 수 없고, 후에 아무것도 생각할 수 없습니다. 그러나 어느 날 아침에 깰 때, 새는 같은 날 아침에 떠납니다. 이것은 정확히 하나님이 황새에게 원하는 바입니다.

사람은 일반적으로 여행을 위해 미리 계획하고 오랜

시간 동안 준비합니다. 그럼에도 불구하고 **새가 떠날 때 이 여행이 하나님의 뜻이었다고 확신할 수 있는 것만큼, 사람이 그런 확신을 갖고 여행을 시작한 적은 거의 없습니다.** 그대, 잠깐 지나가는 나그네여, 즐거운 여행되시길! 곧, 그런 소원이 필요하다면 말입니다.

사람들은 새를 부러워합니다. 공중으로 쉽게 통과할 수 있는 것을 부러워하는 것입니다. 그러나 내가 새를 부러워한다면, 언제나 자신을 위해 하나님께서 그 뜻을 정확히 행하신다는 새의 확신으로 인해 새를 부러워할 것입니다! 새는 하루 먹을 양식만을 가지고 있을 뿐입니다. 그러나 그 결과 계획을 결정하는 데, 생각을 실행으로 옮기는 데 더 짧은 길을 갖고 있습니다! 틀림없이 새의 설명 불가능한 확신 때문에, 새는 운 좋게도 교만할 수 없도록 보호받는 것입니다.

백합은 언제나 하나님의 뜻을 원하고 언제나 하나님이 원하시는 대로 행하기 때문에, 아름다움을 손상시키는 지식 없이, 아름다울 수 있는 행운의 실존을 염려함 없이, 있는 그대로 즐기고 있는 것입니다. 어느 날 백합이 허수아비처럼 충분히 오랜 시간을 서 있었다고 생각할 때, 모든 외적인 복장을 벗어던지고 온전한 아름다움으로 다시 새롭게 섭니다. 이것이 기이할 수 있습니다. 그러나 하나님이 백합에게 원하시는 것이 정확히 이것입니다. 다른 어떤 날이나 어떤 때라도 하나님께서 뜻하시는 것 그 이상, 자신의 화려함을 원하는 법은 없습니다. 이것이 새와 백합이 존재하는 방식이기 때문에, 마치 하나님께서 그들에 대해 다음과 같이 말해야 할 것처럼 보입니다.

"백합과 새는 나에게 가장 큰 기쁨을 주는 아이들이구나. 양육하기에도 가장 쉽지. 그들은 본래 선하고 절대 거만하지 않다. 그들은 언제나 내가 뜻하는 바를 원하고 또 행한다. 그들로부터 나는 순전한 즐거움을 얻는다."

하나님은 흔히 부모들이 말하는 것처럼 다음과 같이 덧붙일 필요가 없습니다.

"그런 행동이 지속되는 동안에나 할 수 있는 이야기에요."

그러나 그때 백합과 새는 어떻게 선생인가요? 그것을

이해하는 것은 쉽습니다. 새와 백합이 눈곱만큼의 교만도 허용하지 않는 것은 충분히 명백합니다. 그러니 백합처럼 되십시오, 새처럼 되십시오. 그들과 하나님과의 관계에서, 백합과 새는 사실상 엄마와 하나인 아기 같습니다. 그러나 이 아이가 더 자라서 부모의 집에 지내며 부모와 아주 가까이 있다 하더라도, 심지어는 부모의 시야에서 벗어나는 법이 없다 하더라도, 아이와 부모 사이에는 무한한 거리가 존재합니다. **이 거리에는 자녀가 교만할 가능성이 놓여 있습니다.**

엄마가 아이를 꼭 껴안는다 해도, 그녀의 가까움 가운데 모든 위험으로부터 아이를 보호하기 위해, 교만할 가능성으로부터 아이를 보호하기 위해, 그녀의 팔로 아이를 포옹한다 해도, 아이는 엄마로부터 무한히 멀어져 갑니다. 이것은 거대한 거리, 거대한 고립입니다.

예전의 자리에 살지만 유일한 소원으로부터 멀리 살고 있는 자, 그럼에도 불구하고 이 사람이 멀리 떨어져 살고 있는 것은 사실이 아닌가요? 같은 방식으로, 이 아이 역시 부모와 같은 집에 함께 산다 해도, 교만할 가능성으로 인해 먼 거리에 존재하게 됩니다. **같은 방식으로, 교만할 가능성이 있는 자는 하나님으로부터 무한히 멀리 떨어져 있**

습니다. 그럼에도 불구하고 이 사람은 하나님과 함께 살고 그분과 함께 움직이고 존재합니다.[03]

그러나 그가 이 거리로부터 돌아온다면, 백합과 새가 언제나 하나님이 뜻하는 바를 원하고 그분이 뜻하는 바를 행함으로 하나님과 가까이 있는 것처럼, **어느 때라도 이 거리에서 하나님과 가까이 한다면 그때 그는 그리스도인이 되었습니다.**

그리스도인에게는 이 염려가 없습니다.

그러나 교만이란 무엇인가요? 물론, 그것은 우리가 말하고 있는 것이고, 교만하지 않는 것에 대한 것입니다. 다시 말해, 교만이란 저 특별한 표현이 의미하는 바입니다. 우리가 이방인들에 대해 말할 때, 이들은 교만에 대해 가장 잘 압니다. 이방인들에게는 확실히 이 염려가 있으니까요. 그러나 우리 역시 교만이 무엇인지 잠시나마 알아야 합니다. 그것은 그리스도인이 교만하지 않다는 것을 알기 위함입니다. 혹은 이 사람이 건방지지 않음으로, 조금도 그렇지 않으므로, 그리스도인이라는 것을 알기 위함입니다.

교만이란 본질적으로 사람과 하나님과의 관계에 속합니다. 이것이 사람이 최소한의 작은 문제에서 건방지든지, 최대로 큰 문제에서 건방지든지 별로 상관이 없는 이유입니다. 최소의 교만조차 최대의 교만이고, 하나님을 향한 교만이니까요. 교만은 본질적으로 하나님을 향하고 있습니다.

아이가 그 부모에게 교만한 것에 대해, 백성이 왕에게, 학생이 선생에게 교만한 것에 대해 말하는 것, 그것은 나중에 형성되고 파생된 언어이지만 언어의 올바른 사용에 해당됩니다. 하나님과 사람 사이에는 무한의 영원한 본질적 차이가 존재합니다.[04] 어떤 방식이든 이 차이가 눈곱만큼이라도 침해될 때, 우리는 교만하게 됩니다. **따라서 교만이란 하나님의 도움을 얻기 바라는 금지되고 반항적이고 불경건한 방법 가운데 존재합니다. 혹은 하나님 없이 살기를 바라는 금지되고 반항적이고 불경건한 방법 가운데 존재합니다.**

그러므로 정신 상실로 인해 매 순간 어떻게 하나님의 도움을 필요로 하는지에 대해 무지하고 하나님 없이는 무nothing라는 사실을 모르는 것, 그것이 다른 무엇보다 중요한 교만입니다. 아마도 대다수 많은 사람들이 세속적이고 감각적인 것에 끌리어 길을 잃고 이런 식으로 살아 갑니다. 자신의 삶과 자기 자신을 이해했다고 생각합니다. 하지만 그들은 하나님을 완전히 제거하였습니다.

그들은 충분히 안전합니다. 그들은 다른 사람들과 똑같습니다. 이런 식으로 표현하자면, 그들은 '해적판pirated edition'입니다. 왜냐하면 모든 사람은 하나님의 손으로 빚은 원판original edition이기 때문입니다. 그런데 누군가 하나님을 향한 그들의 교만에 대해 책임을 묻는다면, 틀림없이 이렇게 대답할 것입니다.

"교만하다니요, 그런 일은 꿈에도 생각해 본 적이 없습니다."

그러나 꿈에도 생각해본 일이 없다는 것, 그래서 하나님에 대해 생각해 본 일이 없다는 것, 바로 이것이 교만입니다. 혹은 젊은 날에 창조주에 대해 생각하는 것을 명령받았다면,[05] 그들이 그분을 완전히 망각하므로, 짐승보다 더 나빠지는 것, 이것이 교만입니다. **왜냐하면 짐승은 아무것도 망각한 적은 없으니까요.**

그러나 그리스도인은 하나님을 필요로 하는 것이 사람의 완전성임을 압니다.[06] 그리하여 그리스도인은 단번에 하나님을 알고 저 **불경건한 무지**라고 부를 수 있는 교만으로부터 구원받습니다. 그리스도인은 그의 삶에서 어떤 특별한 때에 큰 사건들로 인해 하나님에 대해 알게 되는 것이 아닙니다. 아니, 그의 매일의 인내하는 삶에서 하나님 없이는 한 순간도 살 수 없다는 것을 그는 깨닫습니다. 그리하여 그리스도인은 깨어 있습니다. 순진하게 무지한 새도 아니고 정신을 상실한 무지한 사람도 아닙니다. 그는 깨어 있고, 하나님께 깨어 있습니다.

그리스도인은 살핍니다. 중단하는 일 없이, 하나님의 뜻을 살핍니다. 그는 하나님의 은혜에 만족하기만을 바랍니다.[07] 자신을 도와주실 것을 주장하지 않고 하나님의 은혜를 구합니다. 하나님이 뜻하신 바를 구하는 것 말고 하나님이 그를 도와야 한다고 주장하지 않습니다. 오직 은혜에 만족하기만을 기도할 뿐입니다.

그리스도인은 무엇이든 **고집**self-will이 없습니다. 그는 무조건적으로 자신을 내려놓습니다. 그러나 하나님의 은혜와 관련해 역시 고집이 없습니다. 오직 하나님의 은혜에 만족합니다. 모든 것을 하나님의 은혜로 받아들입니다. 은혜 역시 마찬가지입니다. 심지어 은혜를 위해 기도할 때조차 하나님의 은혜 없이는 불가능하다는 것을 깨닫습니다. 고집과 관련해 그리스도인은 현저히 고집이 줄기 때문에, 하나님의 은혜와 관계하고 있는 이 사람은, 본능과 관계하고 있는 새보다 더 능력이 약합니다. 왜냐하면 본능과 관계하고 있는 새는 충분히 강하고 본능의 능력에서만 자유로우니까요. 결국 본능은 새의 능력입니다.

그러나 그리스도인은 근본적으로 새보다도 하나님을 향한 교만으로부터 더 멀리 있나요? 그렇습니다. 그리스도인이 아무리 건방질 가능성이 있다 해도, 그래서 새보다 교만에 무한히 더 가까이 있다 해도, 그렇습니다. 따라서 그리스도인은 천천히 배워야 합니다. 하나님이 뜻하신 바를 새가 원하는 것이 아무리 쉽다 해도, 새가 필요로 하지 않는 무언가를 새를 통해 배워야 합니다.

그리스도인은 하나님의 은혜에 만족하는 법을 배워야 합니다. 저 목적을 달성하기 위해 때로는 **사탄의 사자**angel of Satan가 필요할 수도 있습니다. 이는 그의 입을 쳐서 자만하지 않게 하기 위함입니다.[08] 그리스도인이 배워야 하는 제일 중요한 것은 하나님의 은혜에 만족하기입니다. 그러나 이것을 배우는 과정에서 마지막 어려움이 따라옵니다.

하나님의 은혜에 만족하는 것이 언뜻 보면 빈약해 보이고 굴욕적일 수 있습니다. 그러나 **그것은 최고이자 가장 복된 선**highest and most blessed good입니다. **하나님의 은혜 그 이상의 더 고차원적인 어떤 선도 없습니다!** 따라서 그는 자만하지 않기를 배워야 합니다. 교만하지 않기를 배워야 합니다. 곧, 하나님의 은혜에 만족하는 법을 배워야 합니다.

그리스도인은 이렇게 철저하게 교육받고 있기 때문에, 하나님에 대한 교만으로부터 새보다 더 멀리 있게 됩니다. 자신에게 은혜를 베풀기 원하는 분을 향해 어떻게 교만할 수 있겠습니까? <u>하나님의 뜻이 은혜라는 것을 오직 그리스도인만 압니다.</u> 새는 기껏해야 그분의 뜻은 그 자체로 그분의 뜻이라는 것을 알 뿐입니다.[09] 그리스도인은 교만으로부터 멀리 있습니다. 바로 저런 방식으로 새보다 하나님께 더 가까이 있습니다.

하늘에는 하나님이 계시고 그분의 뜻이 아니면 참새 한 마리도 땅에 떨어지지 않는다는 것, 이 사실은 저 참새와 관계합니다. 그러나 **하늘에 은혜로우신 하나님이 계시다는 것, 이것은 그리스도인에게만 관계합니다.** 새는 하나님이 뜻하신 것을 원함으로써 하나님께 가까이 있습니다.

그러나 그리스도인은 그분의 은혜를 의지함으로 하나님께 더 가까이 있습니다. 이것은 마치 나이는 들었으나, 자신의 부모가 기뻐하기를 바라며 순종하는 자녀와 같습니다. 영적인 의미에서 엄마와 하나인 아기보다 더욱 부모의 사랑을 위해 존재하고 그 사랑 때문에 삽니다.

새는 자신의 필요로 인해, 될 수 있으면 하나님께 가까이 있습니다. 하나님 없이는 살 수 없습니다. 그리스도인은 새보다 더욱 필요 가운데 있습니다. 이 사람은 하나님 없이는 살 수 없다는 것을 **'압니다.'** 새는 될 수 있으면 하나님과 가까이 있습니다. 하나님 없이는 아예 살 수가 없습니다. 그리스도인은 더욱 하나님과 가까이 있습니다. 그분의 은혜 없이는 살 수 없습니다.

하나님은 어느 곳에서든지 새를 둘러싸고 있지만 여전히 자신은 숨기고 계십니다. 반면 그분께서는 어느 곳에서든지 그리스도인에게 자신을 드러내십니다. 그분의 '은혜'가 그리스도인을 둘러쌉니다. 그리스도인은 어디에서든 교만하지 않습니다. 다만 은혜를 바랄 뿐입니다. 은혜 외에 어떤 것도 바라지 않습니다.

따라서 하나님의 은혜는 복된 가까움으로 그리스도인을 둘러쌉니다. 온갖 교만들을 멀리 합니다. 심지어 교만에 대한 눈곱만큼의 표현도 멀리 합니다. 그리스도인이 하나님의 은혜에 만족할 수 있도록 "그분의 은혜가 그의 앞에 가고 있고"(시편 59:10), 복된 중에 하나님의 은혜에 만족했던 것을 후회하는 일이 없도록, 쓸데없는 것을 원하는 일이 없도록, "그분의 은혜가 뒤를 따라가고 있습니다."(시편 23:6)

하지만 이방인에게는 이 염려가 있습니다.

이교도란 실제로 하나님에 대한 교만과 반역의 결과이기 때문입니다. 우리는 하나님에 대하여 무지한 채로 살아가는 **"정신 상실**spiritlessness**"**[10]의 교만을 먼저 꼽을 수 있습니다. 이 교만은 실제로 기독교 세계에서만 나타납니다. 그런 이방인은 세속적이고 감각적인 것들에 길을 잃은 나머지, 염려가 없다고, 특별히 하나님을 두려워하는 자가 갖고 있는 수많은 쓸모없는 염려들이 자신에게는 없다고 생각합니다. 그러나 이것은 사실이 아닙니다.

하나님을 두려워하는 자가 느끼는 염려가 자신에게 없다는 것, 그로 인해 이생과 내세에서 유익을 누리고 있다는 것, 이것은 사실일 수 있습니다. 그러나 그런 냉담한 안전 가운데 있는 이방인에게 염려가 없다는 것은 사실이 아닙니다. 반대로 그는 불안anxiety에 지배를 당하고 있기에, 삶에 대해서도, 죽음에 대해서도 불안해 합니다. 어떤 사건이나 혹은 사건에 대한 기대가 그의 짐승 같은 변화beast-metamorphosis에서 그를 떼어낼 때마다, 그의 속사람 속에 살고 있던 불안이 깨어나서 그를 절망의 구렁텅이로 빠뜨립니다. 이 속에서 그는 이미 절망하였던 것입니다.

교만이란 하나님에 대한 정신 상실의 무지입니다. 비유에서 들었던 말이 이런 이방인에게 잘 어울립니다. 포도원 농부에 대한 비유인데,[11] 이 비유에서 포도원 농부들은 포도원을 착복했고 주인이 없는 것처럼 행동했습니다. 이방인이 기독교에서 양육되었다는 점에서, 그들이 말했던 것을 그에게 적용할 수 있습니다.

"우리가 아들을 죽이자. 그 포도원은 이제 우리 것이다."[12]

모든 사람들의 삶life, Liv은 하나님의 소유입니다. 사람은 그분의 종bond servant, Livegne입니다. 누구도 하나님을 죽일 수 없습니다. 반면, 흔히 말하듯이, 확실히 **하나님에 대한 생각을 죽일 수 있습니다.** 정신을 상실한 무지한 자는 한 번이라도 하나님에 대해 의식한 적은 있습니다. 따라서 또한 특별한 강조점을 갖고 말하듯이, 그는 이 생각으로부터 분리되어 있고, 이 생각, 곧 하나님에 대한 생각을 살해했던 것입니다.

사람이 하나님에 대한 생각을 죽이는 데 성공했을 때, 하나님이 보낸 특사처럼 그에게 생각나도록 도운 모든 감정과 기분들을 죽이는 데 성공했을 때, **저 사람은 마치 자신이 주인이 된 것인 양 삽니다.** 자신의 운명의 건축가가 됩니다. 스스로 모든 것을 관리하는 자, 뿐만 아니라 모든 권한을 쥔 자가 됩니다. 다시 말해, 그는 하나님을 속여 하나님의 것을 취합니다. 이것은 그 키를 한 자라도 더하려는 것은 아닌가요? **주인을 죽임으로, 곧 그분에 대한 생각을 죽임으로, 스스로 소유주가 됨으로, 종이 되기보다 주인이 됨**으로 말입니다.

그때, 이방인은 하나님에 대한 정신 상실의 무지로 말미암아, 세상에 대한 그의 공허한 지식으로 말미암아, 짐승 이하로 타락합니다. 하나님을 살해하는 것, 그것은 가장 끔찍한 자살입니다. 하나님을 완전히 잊는 것, 그것은 인간의 가장 깊은 타락입니다. 어떤 짐승도 그렇게 깊이 타락할 수는 없습니다.

교만의 두 번째 형태로는 금지된 방식으로, 반역적이고 불경건한 방식으로 하나님 없이 살기를 바라는 것입니다. 이것은 "**불신앙**disbelief, Vantroen"입니다. **불신앙은 정신상실의 무지가 아닙니다. 불신앙은 하나님을 거부하기 원하는 것입니다.** 따라서 어떤 면에서는 하나님과 관계합니다.

아마도 그런 이방인은 염려가 없다고 말합니다. 그러나 이것은 그렇지 않습니다. 교만하면서 교만의 염려가 없다는 것은 사실상 불가능한 것이기 때문입니다. 하지만 아무리 자기 자신을 강퍅하게 한다 해도, 그의 속사람innermost being 속에는 하나님이 가장 강한 자라는 각인이 새겨져 있습니다. 자기 자신을 거역하여 하나님을 갖기 원하는 각인을 지닙니다.

하나님을 두려워하는 자가 하나님과 씨름한 후에 절름발이가 되었다면,[13] 진실로 이런 신앙이 없는 자는 그의 속사람에서 전멸되었습니다. 그가 염려하는 것이란, 그 키를 한 자라도 더하는 것입니다. 직접적으로 하나님 앞에 있는 사람이 하나님을 부정할 수 있으려면, 혹은 이 시대의 지혜가 이해했던 대로(이 지혜가 이해할 수 있다면), 스스로를 이해하기 위해 **인간을 필요로 하는 것이 하나님**이었다면,[14] 그의 성장에 더해야 할 걸음은 거대한 걸음이었을 겁니다.

그러나 약탈한 재산에 어떤 축복도 동반하지 않는다면, 그것들에 어떤 취득권도 얻을 수 없다면, 교만한 자는 하나님이 그에게서 모든 것을 뺏을 것이라는 염려를 갖게 됩니다. 매 순간 그는 이 염려를 갖게 됩니다. 게다가, 하나님의 도움을 얻을 때 일하는 것이 쉽다면, 이것은 진실로 자기 자신에게 짊어지운 가장 고된 일입니다. 이것이 하나님 없이 살기 원하는 그 일입니다.

그러므로 이방인은 현실적인 방법으로 불안의 지배 아래에 있습니다. 왜냐하면 <u>그는 누구의 지배 아래에 있는지를 알지 못하기 때문입니다.</u> 이것이 두렵지 않은가요! 그는 신앙이 없음에도, 그가 불신앙disbelief, **Vantro**의 지배아래 있는 것인지, 미신superstition, **Overtro**의 지배아래 있는 것인지 거의 알지 못합니다. 이것을 아는 것은 다른 사람에게도 아주 어렵습니다.

스스로 부정하려 했던 하나님께 버림받고, 그분 없이 살기 원했던 바로 그 하나님께 압도당합니다. 하나님께도, 자기 자신에게도 어떤 피난처stronghold, **Tilhold**도 없습니다.

(사람은 하나님의 동의agreement, **Medhold** 없이 자기 자신 안에 어떤 피난처도 둘 수 없습니다.) 그는 악의 지배 아래 있고, 불신앙과 미신의 장난에 농락당합니다. 어떤 새도 이런 식으로 시달린 적이 없습니다. 심지어 최악의 날씨에도 이런 식으로 시달리지 않습니다!

마지막으로, 이것이 교만의 형식입니다. 곧, 금지되고, 반역적이고, 불경건한 방식으로 하나님의 도움을 원하는 것, **이것은 미신**superstition 입니다. 그래서 **교만한 이방인은 그 키를 한 자나 더하기 위해 제정신이 아닙니다**. 그에게 허락되지 않은 것을 미치도록 원합니다. 성전 꼭대기에서 뛰어내리려는 무모한 짓을 맹목적 확신으로 하려 합니다.[15] 더 교만한 것은, 그런 짓을 하면서 하나님이 도와주기를 바라는 것입니다.

거룩하지도 않은 이런 놀이에 점점 빠져들수록, 그는 인정받을 수 없는 수단을 통해 금지된 곳으로 침투하고, 숨겨진 곳을 발견하고, 미래를 알 수 있기를 바랍니다. 성서가 말한 저 시몬처럼,[16] 성령을 돈을 주어 사고 싶어할 만큼 제정신이 아닙니다. 혹은 성령의 도움으로 돈을 만들고 싶어 합니다. 억지로 하나님을 부리려 합니다. 하나님께 도움과 지원을 강요합니다. 부르심을 받지 않는 그가, 하나님께 부름 받은 사람만 할 수 있는 일을 하고 싶어 합니다.

불신자는 하나님 없이도 살 수 있기를 바랄 만큼 교만합니다. 하나님이 그를 돕지 않기를 바랍니다. 하나님이 이 사실을 알기 바랄 만큼 교만합니다. 미신을 믿는 사람이 그가 원했던 것이 하나님의 도움이었다고 선포한다 해도, **거기에 하나님이 그에게 봉사하기 원하는 것 말고 다른 무엇이 있겠습니까?** 그가 아무리 제멋대로 하나님의 도움을 간구한다 해도, **자신이 하나님을 섬기는 것이 아니라 하나님이 그를 섬겨주기 바라는 것** 말고 다른 무엇이 있겠습니까? 누군가 이런 짓을 통해 하나님을 종으로 갖고 싶어 하는 아주 독특한 지점에 이른다면, 이 또한 그 키를 한 자나 더하려는 것입니다.

그러나 하나님은 업신여김을 받지 않으십니다.[17] 진실로, 말꼬리를 잡고 늘어지는 미신의 왕국에서보다 염려와 불안이 있는 곳인 집에서 창백한 공포와 두려운 떨림이 더 많습니다! 어떤 새도 알지 못하는 이 불안, 심지어 두려움과 공포에 찌든 새도 이 불안은 알 수 없습니다.

교만한 이방인이 이와 마찬가지입니다. 그는 새가 원하는 것처럼, 하나님이 뜻하는 바를 알기 원하지 않습니다. 하물며 그가 그리스도인처럼 하나님의 은혜에 만족하기를 바라겠습니까. "하나님의 진노가 그의 위에 머물 것입니다."[18] 그리스도인에게만 있는 하나님의 은혜가 새에게 있지 않다면, 그때 새에게는 이방인에게만 있는 하나님의 진노도 있을 수 없습니다.

새가 아무리 멀리 날아간다 해도, 하나님과의 관계를 상실할 수 없습니다. 하지만 이방인이 아무리 멀리 도피한다 해도, 하나님의 진노를 피하는 데에는 무익할 것입니다. 아무리 멀리 도망간다 해도, 하나님의 은혜로 도피할 수 없다면 말입니다!

악을 행하는 자에게 불안과 곤경이 임한다면,[19] 무엇보다도 가장 먼저 교만한 자에게 임할 것입니다. 하나님으로 말미암아 그리스도인으로서 그분께 가까이 하는 각 사람에게 은혜가 임하듯이, 자기 자신으로 말미암아 하나님을 피할 만큼 교만한 자에게, 그분께 가까이 할 만큼 교만한 자에게 불안은 임할 것입니다.

이제 새를 생각함으로 결론지읍시다.

새는 저 복음 속에 있었고 틀림없이 여기 이 강화에도 있었습니다. 그때, 하나님이 뜻하신 것을 원하고, 하나님이 뜻하신 바를 행하는 이 땅 위의 백합과 새에게 기쁨이 있게 하소서! 저 하늘에는 하나님의 은혜에 만족하는 그리스도인에게 기쁨이 있습니다. 하지만 교만한 이방인에게는 여기 땅에서나 내세에서도 불안이 있습니다.

그리스도인은 하나님에게 새보다 훨씬 더 가까이 있는 반면, 이방인은 하나님으로부터 새보다 훨씬 더 멀리 있습니다. 최대의 거리, 가장 먼 별에서 지구까지의 거리보다 더 먼 거리, 인간의 어떤 기술로도 측정할 수 없는 더 먼 거리, 그것은 하나님의 은혜와 하나님의 진노 사이의 거리입니다. 그리스도인과 이방인 사이의 거리입니다. 은혜로 구원받은 복과 "하나님의 얼굴을 피한 영원한 멸망perdition, Fortabelse"[20] 사이의 거리입니다. 하나님을 보는 것과 심연에서 하나님을 상실한lost, tabt 것을 보는 것과의 거리입니다.

이 거리를 측정할 수 있도록 도움 받기 위해 진지하게 새의 처지를 이용하려 한다면, 그것은 의미 없는 농담이 될 뿐입니다. 그리스도인은 새와 함께 있다는 표시로 이 처지를 이용할 뿐입니다. 이 거리가 그리스도인과 이방인 사이의 거리라 해도, 새가 아무것도 결정해 주지 않습니다. 왜냐하면 여기에서 이 강화는 가난과 풍요, 비천과 고귀에 대한 것이 아니라, 교만에 대한 것이기 때문입니다.

참고 자료

01 마태복음 6:27, "너희 중에 누가 염려함으로 그 키를 한 자라도 더할 수 있겠느냐?"

02 마태복음 4:6, "이르되, 네가 만일 하나님의 아들이어든 뛰어내리라. 기록되었으되, 그가 너를 위하여 그의 사자들을 명하시리니 그들이 손으로 너를 받들어 발이 돌이 부딪치지 않게 하리로다 하였으니라."

03 사도행전 17:28, "우리가 그를 힘입어 살며 기동하며 존재하느니라. 너희 시인 중 어떤 사람들의 말과 같이 우리가 그의 소생이라 하니"

04 예로 다음을 보라. *Sickness unto Death,* p. 99, 117, 121, 126, 127, KW XIX (SV X 210, 227, 231, 235, 237).

05 전도서 12:1-2, "너는 청년의 때에 너의 창조주를 기억하라. 곧 곤고한 날이 이르기 전에, 나는 아무 낙이 없다고 할 해들이 가깝기 전에 해와 빛과 달과 별들이 어둡기 전에, 비 뒤에 구름이 다시 일어나기 전에 그리하라."

06 다음을 보라. "To Need God Is a Human Being's Highest Perfection," *Four Upbuilding Discourses* (1844), in Eighteen Upbuilding Discourses, p. 297-326, KW V (SV V 81-105).

07 고린도후서 12:9, "나에게 이르시기를 내 은혜가 네게 족하도다. 이는 내 능력이 약한 데서 온전하여짐이라 하신지라. 그러므로 도리어 크게 기뻐함으로 나의 여러 약한 것들에 대하여는 자랑하리니 이는 그리스도의 능력이 내게 머물게 하려 함이라."

08 고린도후서 12:7, "여러 계시를 받은 것이 지극히 크므로 너무 자만하지 않게 하시려고 내 육체에 가시 곧 사탄의 사자를 주셨으니 이는 나를 쳐서 너무 자만하지 않게 하려 하심이라."

09 새는 하나님의 은혜에 대해 무지하다는 것을 표현한 것이다.

10 엄밀한 의미에서 기독교 세계 안에 있는 이방인을 말하고 있다. 『죽음에 이르는 병』에 의하면, 이방인과 기독교 안의 이방인을 구분하고 있다. 여기에는 결정적 차이가 있다. 이교에는 정신이 결핍되어 있으나, 그 방향은 정신 쪽을 향하고 있다. 그러나 기독교 세계 안의 이방인은 그 방향이 정신을 등지고 있다는 점에서, 다시 말해 타락함으로 말미암아 정신이 결핍되어 있다. 따라서 가장 엄밀한 의미에서 정신상실이다.

11 마태복음 21:33-42, 마가복음 12:1-9를 참고하라.

12 마태복음 21:38, "농부들이 그 아들을 보고 서로 말하되, 이는 상속자니 자 죽이고 그의 유산을 차지하자 하고"

13 창세기 32:22-32을 참고하라.

14 헤겔의 종교 철학의 일반적 개념을 언급한 것이다. 하나님 개념을 결정하기 위해서는 하나님과 사람 사이의 차이가 있어야 한다는 관점이다. 따라서 하나님은 자신의 입장을 설정하기 위해 인간을 창조해야만 한다. Martensen의 "우리 시대 교리 신학에서의 인간의 자율성"에서 보면, 다음과 같이 나온다. "한쪽 측면에서 인간은 전적으로 하나님을 의지한다고 선포한다. 그러나 다른 한 편으로, 그는 하나님의 존재가 절대적으로 인간을 의지하고 있다는 것을 의식한다. 모든 면에서 인간과 관계하고 있는 실존적 필요 가운데 있는 하나님이다. 이런 생각은 아이러니에 가깝다."

15 마태복음 4:5-7, "이에 마귀가 예수를 거룩한 성으로 데려다가 성전 꼭대기에 세우고 이르되, 네가 만일 하나님의 아들이어든 뛰어내리라. 기록되었으되, 그가 너를 위하여 그의 사자들을 명하시리니 그들이 손으로 너를 받들어 발이 돌에 부딪치지 않게 하리로다 하였으니라."

16 사도행전 8:18-19, "시몬이 사도들의 안수로 성령 받는 것을 보고 돈을 드려 이르되, 이 권능을 내게도 주어 누구든지 내가 안수하는 사람은 성령을 받게 하여 주소서 하니"

17 갈라디아서 6:7, "스스로 속이지 말라. 하나님은 업신여김을 받지 아니하시나니 사람이 무엇으로 심든지 그대로 거두리라."

18 요한복음 3:36, "아들을 믿는 자에게는 영생이 있고, 아들에게 순종하지 아니하는 자는 영생을 보지 못하고 도리어 하나님의 진노가 그 위에 머물러 있느니라."

19 로마서 2:9, "악을 행하는 각 사람의 영에는 환난과 곤고가 있으리니 먼저는 유대인에게요, 그리고 헬라인에게며"

20 데살로니가후서 1:9, "이런 자들은 주의 얼굴과 그의 힘의 영광을 떠나 영원한 멸망의 형벌을 받으리로다."

우리가 발명한 염려

Selvplagelsens Bekymring

그러므로 내일 일을 염려하지 말라.
이는 다 이방인이 구하는 것이라.

새에게는 이 염려가 없습니다.

　새가 아무리 높이 날아올라 세상을 내려다 본다 해도, 그래서 아무리 많은 것을 볼 수 있다 해도, 새는 결코 '내일'을 볼 수 없습니다. 새가 아무리 멀리 날아간다 해도, 그래서 아무리 많은 것을 볼 수 있다 해도, 결코 '내일'을 볼 수 없습니다.

　우리가 백합에 대하여 "오늘 있다가 내일 아궁이에 던져진다"고 말한다면,[01] 이것이 백합으로 하여금 아무리 많이 염려하게 하고 아무리 직접적으로 염려하도록 자극해도, 백합은 결코 이런 일로 걱정하지 않는 고상하고 단순하고 현명한 피조물입니다. 백합은 훨씬 더 가깝게 이것을 걱정하는 데 사로잡혀 있습니다. 즉, 오늘이라는 사실에 사로잡혀 있습니다.

새가 아무리 많은 날 동안 동이 트고 해가 지는 것을 본다 해도, 결코 '내일'을 볼 수 없습니다. 새는 장래를 내다 볼 수 없으니까요. 내일은 영적인 존재들에게만 보입니다. **따라서 새는 꿈에 의해 고통당하지 않습니다. 그러나 내일은 계속해서 반복되어 돌아오는 끈질긴 꿈입니다.**

새는 불안한 적이 없습니다. 하지만 내일은 매일의 삶을 불안하게 합니다. 새는 아무리 먼 거리를 날아간다 해도, 집을 떠난 날과 같은 날에 목적지에 도착하는 것처럼 존재합니다. 우리는 비행기로 매우 빨리 여행할 수 있기 때문에 단 하루 만에 멀리 떨어진 곳에 도착할 수 있지만, 새는 더욱 교활하게 빠르며, 우리보다 훨씬 더 빠릅니다. 왜냐하면 새는 아무리 많은 날, 수많은 날을 여행해도 같은 날에 도착하기 때문입니다.

아무리 빠른 비행기도 이보다 더 빠를 수는 없습니다.[02] 심지어 그렇게 멀리 여행한다는 것은 더욱 불가능합니다. 아니, 누구도 새만큼 빨리 도착할 만한 시간을 발견할 수 없고, 새만큼이나 그렇게 짧은 시간에 멀리 갈 수도 없습니다. 새를 위한 어제도, 내일도 존재하지 않습니다. 새는 오늘만을 살고 있을 뿐입니다. 백합이 이 한 날만을 위해 꽃을 피우는 것처럼 말입니다.

당연히 새에게는 내일에 대한 염려가 없습니다. 내일에 대한 염려는 확실히 **당신 스스로 발명한 괴로움**self-torment, Selvplagelse[03]입니다. 새가 이런 종류의 염려 없이 존재하는 이유입니다. 당신 스스로 발명한 이 괴로움은 정확히 무엇인가요? 그것은 '바로 이 한 날'인 오늘이 갖고 있지 않은 괴로움trouble, Plage 입니다. 오늘 역시 그 날의 괴로움이 있는 것은 사실입니다.[04] 당신 스스로 괴로움을 발명했다는 것은 어떤 것인가요? **그것은 당신 자신이 괴로움의 원인이 된다는 뜻입니다.**

새에게도 역시 스스로 살고 있는 그 날의 괴로움이 있을 수 있습니다. 오늘은 새에게 충분한 괴로움이 될 수 있습니다. 그러나 새는 내일의 괴로움을 가질 수 없습니다. 왜냐하면 새는 오늘만을 살고 있기 때문입니다. 우리는 이것을 다른 방식으로 말할 수도 있습니다. 즉, 새에게 '자기self'가 없기 때문이라고 말입니다. **'괴로움'과 '오늘'이 짝을 이루는 것처럼, '우리가 스스로 발명한 괴로움'과 '내일'은 짝을 이룹니다.**

그러나 이 경우에 새는 어떻게 우리의 스승이 될 수 있습니까? 단도직입적으로 말해서, 새에게 '내일'이 없다는 것은 확실합니다. 따라서 새처럼 되십시다. 내일을 제거하십시오. 당신에게 염려의 원인이 되게 했던 것을 멈추십시오. 이것은 가능해야 합니다. 왜냐하면 **'내일'은 자기**self**에게서 비롯된 것이니까요.** 반면에, 당신이 내일의 괴로움과 비교하면서 오늘을 소진해버린다면, 그때 당신은 괴로움을 발명하는 수렁에 빠지게 됩니다.

이것은 겨우 하루의 차이에 불과합니다. 그러나 얼마나 거대한 차이인가요! <u>새가 내일 없이 존재하는 것은 아주 쉽습니다.</u> 그러나 **내일을 제거하는 것**... 아! 교활하게 환심을 사서 사람의 마음속으로 기어 들어가는 모든 적들 중에서, 이 '내일' 만큼이나 깊이 파고드는 적은 없습니다. 내일은 언제나 내일 남아 있습니다. "자기의 마음spirit을 다스리는 것은 성을 빼앗는 것보다 낫습니다."[05] 그러나 **사람이 자신의 마음을 다스리려면, 내일을 제거하는 일로부터 시작해야 합니다.** 내일은 여러 가지로 변장할 수 있는 트롤troll[06]과 같습니다. 그러나 내일이 아무리 다르게 변하는 것처럼 보여도 내일은 내일일 뿐입니다!

그리스도인에게는 이 염려가 없습니다.

내일에 대한 염려는 일반적으로 먹고 사는 문제와 관련이 있습니다. 그러나 이것은 이 문제를 바라보는 매우 피상적인 방식에 불과합니다. 모든 지상적이고 세상적인 염려는 근본적으로 **내일에 대한 것**입니다. 지상적이고 세상적인 염려를 가능하게 한 것은 명확히 사람이 시간과 영원을 결합함으로써 자기self가 된다는 사실에 있습니다. 사람은 이런 식으로 자기가 됨으로써, '내일'을 만듭니다.

그때, **이 내일은 전쟁이 확정되어야 하는 장소이기도 합니다.** 사람이 지상적이고 세상적인 괴로움들에 대해 말하자면, 다양성에 대한 괴물같은 생각들, 산더미 같은 잡다한 열정들, 혼란스러운 모순들을 떠올리는 것만으로도 충분합니다. 그럼에도 불구하고 이 모든 것들은 결국 단한 가지에 관련한 전쟁으로 귀결됩니다. 그것은 내일입니다.

그것이 존재했었고 존재하고 있기 때문에 유명하게 된 조그만 마을과, 내일은 같습니다. 이 작은 마을에서 전쟁 중에서 가장 큰 전쟁이 벌어져야 합니다. **이 전쟁은 가장 크고 결정적인 전쟁입니다. 다시 말해, 시간과 영원의 전쟁**

입니다.

내일은 괴물 같이 거대한 염려들이 "단독자^{single} ^{individual}"라는 작은 배를 사로잡기 위해 돌진하는 전함 ^{battleship, Entrehagen07}입니다. 이 공격이 성공한다면, 개인은 염려의 힘에 시달리게 됩니다.

내일은 사람을 묶는 사슬의 첫 번째 고리입니다. 이 고리는 수천 명의 사람과 더불어 악으로부터 나온 그런 염려의 풍요에 한 사람을 묶어 버립니다.

내일, 이것은 진실로 생각할 만한 가치가 있습니다. 종신형을 선고받은 사람이 '평생'을 선고받은 것이라고 말한다면, 내일에 대하여 염려하는 자는 자신이 판사가 되어 스스로에게 '종신형'을 선고합니다.

그때, 하늘은 내일로부터 우리를 구원할 수 있는 길을 갖고 있어야만 하는 것은 아닌가요? 왜냐하면 이 땅에서는 그런 길을 발견할 수 없으니까 말입니다. 당신이 내일 죽을지라도, 내일을 피하지는 못합니다. 왜냐하면 당신이 오늘 사는 동안도 여전히 내일은 당신과 함께 하고 있기 때문입니다. 그러나 당신이 내일로부터 자유롭다면, 당신은 세상의 모든 염려들을 멸종시켜 왔던 것입니다.[08] 당신은 먹고 사는 문제와 관련된 그런 염려들만 멸종시킨 것이 아닙니다. 지상적이고 세속적인 것들은 내일에게만 매력적이니까요. 그런 모든 것들은 내일이 존재하기 때문에 매력적이고 안전하지 못한 것처럼 말입니다.

내일이 없다면, 그런 모든 것들은 자신의 매력도 자신의 염려스러운 불안정성insecurity도 상실할 것입니다. 당신이 내일이 없는 자라면, 그때 당신은 죽어 가고 있는 중이거나 아니면, 일시적인 것들에 대하여 죽음으로 인해, 영원한 것을 붙잡았던 것입니다.[09] 다시 말해, **당신은 실제로 죽고 있는 자이거나 정말로 살고 있는 자입니다.**

복음은 말합니다. "한 날의 괴로움은 그 날에 족하다."[10] 그러나 이것은 복음일 수 있나요? 이것은 마치 (성경의) 예레미야 애가처럼 들립니다. 왜냐하면 당신이 그런 식으로 결론을 짓는다면 인생이 다 그런 식이니까요. 한 날에는 그날에 족한 괴로움이 있으므로, **인생은 괴로움 밖에 아무것도 없으니** 말입니다.

우리의 날들은 괴로움으로부터 자유롭다고 복음이 말하고 있음을 믿기를 우리는 더 좋아합니다. 혹은 복음은 단지 며칠만 불행한 날들이라고 말한다고 우리는 믿고 싶어 합니다. 그럼에도 불구하고 이것은 복음입니다. 즉, 오늘도 괴로움은 존재합니다. 복음은 낙타를 삼키기 위해

하루살이를 걸러내지 않습니다.[11] 왜냐하면 복음은 우리가 자초했던 괴로움의 괴물 같은 모습을 겨냥하고 있기 때문입니다. 그래서 복음은 사람들이 그들에게 닥친 매일의 다른 괴로움들을 다룰 수 있다고 가정합니다. 그래서 복음은 올바르게 말합니다.

"한 날은 그 날의 괴로움을 갖고 있습니다."

알다시피, 복음은 이것만 말한 것이 아니라, 복음은 다음과 같이 말합니다.

"내일 일은 내일이 염려하게 될 것입니다."

내일 일은 내일이 염려하게 된다면, 그때 당신은 내일을 염려하는 것이 아니라 내일 일은 내일이 주의하도록 내버려 두게 됩니다. 괴로움들을 고려할 때, 당신은 한 날이 다가 올 때, 그 한 날을 다루는 것만으로도 충분해야 합니다. 당신은 내일 일은 내일이 주의하도록 내버려 두어야 합니다. 이것이 맞지 않나요?

선생이 학생에게 말합니다.

"네 옆에 있는 소년을 내버려 둬라. 그가 스스로 자기 일을 감당하게 해 주거라."

선생은 여기에 덧붙여 말하는 것 같습니다.

"너는 스스로 감당해야 할 충분한 일이 있단다. 그것은 너에게 충분해야 하지."

한 날은 그 날의 괴로움을 갖고 있습니다. 다시 말해, 당신에게 내일 어떤 괴로움이 닥치든지, 염려로부터 자유롭기만 하다면, 한 날이 조용하게 다가올 때 감사하는 마음으로 그 날의 괴로움을 다룰 수만 있다면, 당신은 스스로에게 은혜를 베풀게 될 것입니다. 즉, 내일에 속한 괴로움들로부터 자유롭게 됨으로써 말입니다.

그때 당신이 소유하고 있는 것에 만족하십시오. 자족하는 마음으로 경건을 함양하십시오.[12] 왜냐하면 한 날의 괴로움으로도 **충분하니까요.** 하나님 역시 이런 관점에서 공급하실 것입니다. 그분은 한 날을 위한 **충분한** 괴로움을 측정하여 떼어 내실 것입니다. 그리고 당신은 그분이 떼어 내신 것 이상을 가져가지 말아야 합니다. 왜냐하면 그것이 정확히 올바른 양이기 때문입니다. 그렇지만 내일에 대하여 염려하는 것, 그것은 **뱃멀미**^{seasick}를 하는 것입니다.

인생의 모든 것은 이를 향해 얼마나 올바른 태도를 선택하는지에 달려 있습니다. 이것은 내일과 관계할 때 그리스도인이 실천해야 하는 것입니다. 무대 위의 배우는 조명에 의해 눈이 어두워지기 때문에, 이는 마치 그가 가장 깊은 암흑, 가장 깜깜한 밤을 바라보는 것처럼 존재하고 있다는 것은 잘 알려진 사실입니다. 이제, 사람은 이런 암흑 상태가 그를 방해하거나 불안하게 만들 것이라고 상상할 수도 있습니다. 그러나 결코 그렇지 않습니다.

그에게 물어보십시오. 당신은 듣게 될 것이고 그가 그 자신에 대하여 당신에게 말할 것입니다. 즉, **이 암흑 상태가 정확히 그가 의지하고 있는 것입니다.** 이 암흑이 그를 차분하게 만들고 그의 예술 작품의 환상의 마술에 사로잡히게 합니다. 그렇지만 그를 방해하는 것, 그것은 그가 단 한 사람이라도, 혹은 관중의 단 한 명이라도 볼 수 있을 때입니다. 이것이 내일과 관계할 때 **존재하는 방식**입니다.

우리는 때때로 침침한 내일에 대하여 불평합니다. 우리는 심지어 그런 내일에 대하여 슬퍼하기까지 합니다. 슬프군요! 그러나 진정한 불행은 내일이 충분히 어둡지 않을 때입니다. 그래서 두려움과 예감과 기대와 지상적인 조바심이 내일을 힐끗 볼 때입니다.

배에서 노를 젓는 뱃사공을 생각해 보십시다. 그는 자신의 등을 여행의 방향으로 돌립니다. 이것이 내일과 관계할 때 존재해야만 하는 방식입니다. 우리가 영원한 것의 도움을 받아 오늘에 푹 잠길 때, 이 한 날에 푹 잠길 때, 우리는 내일을 향해 우리의 등을 돌립니다. 조금 더 깊이 돌릴수록, 조금 더 영원히 돌릴수록, 우리는 오늘에 푹 잠깁니다. 우리가 내일이 전혀 보이지 않는 지점에 이를 때까지, 조금 더 결정적으로 내일을 향해 우리의 등을 돌립니다.

우리가 돌아선다면, 영원한 것the eternal은 혼동스러운 형태를 띠게 될 것이고 내일로 바뀌게 될 것입니다. 그러나 우리가 목적지destination를 향해 우리의 등을 돌린 상태에서 우리의 목적지영원, eternity를 향해 진군할 때, 그때 우리는 내일을 보지 못합니다. 그러나 영원한 것은 바로 오늘과 오늘의 과업을 더욱 명확하게 볼 수 있도록 돕습니다. 과업이 오늘 일해야 하는 것이라면, 그것이 우리가 지향해야 하는 **삶의 방식**입니다.

사람은 성급하게 매 순간마다 자신의 목적지를 보기 원하기 때문에 언제나 혼란스럽고 과업을 미루게 됩니다. 목적지에 얼마나 더 가까이 갔는지 보고 싶고, 그때 목적지를 확인하고 또 확인합니다. 아닙니다. 당신의 결심이 진지했고 영원했다면, 당신은 완전히 당신의 일에 몰입했을 것이고 당신의 목적지를 향해 등을 돌렸을 것입니다. 이것은 **사람이 배에서 노를 저을 때 지향해야만 하는 방식**입니다. 그리고 이것은 또한 사람이 믿을 때 그가 취하는 행동의 방식입니다.

믿는 자들believers은 누구보다 영원으로부터 더 멀리 있다고 생각할 수도 있습니다. 왜냐하면 그들은 영원으로부터 완전히 그들의 등을 돌렸으니까요. 그들은 그런 식으로 이 하루를 살고 있으니까요. 그들은 영원을 힐끗 보기 위해, 영원의 뒤를 따라가 자세히 살펴보기 위해 서 있는 사람처럼 존재하는 것이 아닙니다. 그럼에도 불구하고 믿는 자들은 다른 사람들보다 영원에 더욱 가깝습니다. 반면에 묵시적 예언가들apocalyptic fantasists은 모든 사람들 중에서 영원과 가장 먼 곳에 있습니다.

믿음faith은 이 하루에 영원의 곁에서 영원을 갖기 위해 영원으로부터 등을 돌립니다. 그러나 사람이 특별히 세속적인 열정으로 미래the time to come를 향한다면, 그는 영원으로부터 멀리 있는 자신을 발견하게 될 것입니다. 그때 내일은 동화책에나 나올 법한 괴물같이 혼란스러운 모습으로 변해 있을 것입니다. 창세기에 언급된 바, 인간의 여자들로부터 아이를 얻은 악마들처럼,[13] 미래는 내일을 얻기 위해 인간의 나약한 상상력을 사용하고 있는 괴물같은 악마입니다.

그리스도인들은 믿음을 가집니다. 이 사람들이 내일을 제거하는 방식입니다. 믿음이 있는 사람들의 태도는 스스로 염려를 발명한 사람들의 태도와는 거의 정반대입니다. 후자는 현재에 대해서는 거의 완전히 잊고 있으니까요. 왜냐하면 염려하는 중에 내일에 사로잡혀 있기 때문입니다. 반면에 믿는 자는 "현존presence, nærværende"을 갖고 있는 대단한 자입니다. 라틴어 praesens에서 함의하듯이,[14] 능력을 갖고 있는 대단한 자이니까요. 그렇지만 스스로에게 괴로움을 초래하는 자들은 결코 현존하지 못하며 능력도 없습니다.

사람들은 종종 이런 저런 위대한 사건들이나 위대한 사람과 동시대에 있었더라면 하는 소원을 표현하곤 합니다. 그런 사람들과 동시대를 살았기에 자신들이 발전할 수 있었고 또한 위대한 것들도 만들 수 있었다고 생각합니다. 아마 그럴 수도 있습니다! 그러나 자기 자신과 동시대를 살 수 있는 것이 다른 어떤 소원보다 더욱 가치 있어야 하는 것은 아닌가요! 정말로 **자신과 동시대를 살고 있는 사람들은 극히 드뭅니다.**

대다수의 사람들은 자신보다 위대한 사람들의 삶이 수십만 킬로 정도는 앞서 있기를 바라거나 혹은 최소한 몇 살 정도 앞서 있기를 바랍니다. 감성에서든, 상상에서든, 결심에서든, 혹은 의사결정에서든, 소원이든, 갈망이든, 묵시적이든, 영화 같은 환상이든 말입니다. 그러나 **믿는 자들은 자기현존**self-presence**과 함께 하는 사람들**입니다. 그들은 가장 강력한 의미에서 자신과 동시대에 함께 합니다. 게다가 영원의 도움을 받아 완전히 자기 자신과 동시대에 살고 있으므로, 이 하루는 그의 형성과 발전에 봉사하고 있을 뿐만 아니라 **영원의 유익**을 생산합니다. **왜냐하면 거기에는 영원만큼이나 위대한 어떤 동시대에 일어난 사건도, 어떤 동시대의 사람도 존재하지 않기 때문입니다.** 그들이 아무리 존경받는다 해도 말입니다.

이 하루, 오늘과 동시대에 있는 것, 그것은 명확히 우리 앞에 놓인 과업입니다. 반면 믿음은 이것을 인정하는 데 있습니다. 이것은 가장 혹독한 몇몇의 교부Church Fathers들처럼, 그리스도인들이 벤시라Ben Sira의 말을 존중하는 이유입니다. 이 말은 신중한 격언으로 해석되는 것이 아니고 하나님에 대한 경외의 표현으로 해석됩니다.

> "너의 영혼을 사랑하라. 너의 마음을 위로하라. 너로부터 슬픔을 멀리 쫓아내라."(집회서 30:23)

스스로 괴로움을 초래하는 자들만큼이나 누가 더 잔인할 수 있겠습니까! 이 모든 고문들, 이 모든 잔인한 발명들과 고통스럽게 스스로 순교하게 만드는 잔인한 방법들, 이 모든 것들은 단 하나의 구문으로 요약됩니다. 그것은 '내일'입니다. 어떻게 내일을 다룰 것인가요?

스페인에는 "이단자들을 다루는 최선의 수단들"이라고 뒷면에 적혀 있는 책을 소장하고 있는 도서관이 있다고 전해집니다. 그렇지만 당신이 그 책을 연다면, 혹은 열려고 노력했다면, 그것이 사실 책이 아니고 포장지로 둘러싸인 박스였다는 것을 발견했을 텐데 말입니다. 그때, "스스로 염려하는 자들을 다루는 유일한 수단"이라는 제목이 달린 책을 쓴다면, 정말로 그 책의 내용은 짧을 것입니다.

"한 날의 괴로움은 그 날로 족하게 하라."

그러므로 그리스도인들이 일을 할 때, 그들이 기도할 때, 그들은 현재에 대해서만 말합니다. 그들은 '이 하루'에 오늘의 양식을 위해 기도합니다. 그리고 '오늘' 그들의 일에 복을 주시라는 기도를 드립니다. '오늘' 악한 자의 덫을 피하게 해 달라고 말하며, '오늘' 하나님의 나라에 더 가까워지는 것에 대해 말합니다.

만약 공포에 질려버린 사람이 자신의 온 열정을 다해, "오, 하나님이여, 나를 구원하소서. 나 자신으로부터, 내일로부터 나를 구원하여 주소서."라고 기도한다면, 이 때 기독교적인 방식으로 기도한 것이 아닙니다. 이미 내일이 너무도 강력한 능력을 획득하게 되었던 것입니다. 그러나 그리스도인들은 기도합니다.

"오늘 악으로부터 우리를 구원하여 주소서."[15]

이 기도는 내일로부터 구원받는 가장 확실한 방법입니다. '날마다' 이런 식으로 기도할 수 있다면 그렇다는 말입니다. 하루, 이 날이 잊혀진다면, 즉각적으로 내일이 보입니다. 그러나 그리스도인들은 결코 날마다 기도하기를 잊지 않습니다. 따라서 그들은 삶 전반을 통하여 구원을 경험합니다. 그들의 믿음은 그들의 용기, 그들의 기쁨, 그들의 소망을 구원합니다. 저 두려운 적인 내일은 응당 존재합니다. 그러나 그리스도인들은 벽에 악마devil를 그리지 않습니다. **그리스도인들은 악을 생각해 내지도 않으며 시험하지도 않습니다.** 심지어 내일에 대해 말하지도 않습니다. 그들은 이 한 날에 대해서만 말할 뿐, 이 날에 대해 하나님과 이야기 합니다.

이런 식으로 사는 것, **이 한 날을 내일이 아닌 영원으로 가득 채우는 것, 이것이 그리스도인들이 배웠던 것이며 그들의 본보기로부터 배우고 있는 것입니다.** 그리스도인들은 언제나 배우는 자이니까요. 우리는 그분께서 내일에 대한 염려 없이 사셨다는 것을 어떻게 알 수 있을까요? 그분은 생애의 첫 번째 순간부터, 스스로 스승으로 나타나신 때부터, 자신의 삶이 어떻게 끝나게 될지 아셨던 것입니다. 뿐만 아니라, 내일은 당신께서 십자가에 매달려 죽임당하는 날이 될 것임을 아셨던 것입니다. 그러나 그런 그분께서 내일에 대해 염려하지 않으셨는 것을 어떻게 알 수 있단 말인가요?

사람들이 기쁘게 그분을 왕으로 환영하는 동안에도,

그분은 이 사실을 아셨습니다. 오, 저 순간에도 얼마나 쓰라린 지식을 가지셨던가요! 그분의 승리의 입성에서 사람들이 "호산나" 소리를 지를 때에도,[16] 그분은 이 사실을 아셨습니다. 그분은 또한 사람들이 "그를 십자가에 못 박으라!"라고 소리지를 것이라는 것을 아셨습니다. 왜냐하면 이것이 바로, 그분이 이 세상에 오셨던 이유였으니까요. 그때 우리는 그분께서 내일에 대한 염려 없이 사셨다는 것을 어떻게 알 수 있을까요? 그분은 이런 초인간적인 지식의 괴물 같은 무게를 어떻게 견뎠는지 알 수 있느냐 말입니다.

역경과 시련으로 고난당할 때 모든 것들은 결국 최선의 것으로 바뀔 수 있다고 언제나 믿을 수 있는 인간들처럼, 그분은 고난당하지 않았습니다. 그분은 당신 앞에 놓인 것을 피할 수 없다는 사실을 알고 있었기 때문입니다. 진리를 위해 당해야 했던 모든 희생이, 결국 그분의 핍박당함과 최후를 더욱 재촉했다는 것을 그분은 알고 계셨습니다. 그분은 운명을 자신의 손에 쥐고 계셨습니다. 다시 말해, 당신께서 진리를 포기하기만 한다면, 사람들이 그분의 통치의 영광을 찬양하고 숭배할 수 있도록 할 수 있었을 텐데 말입니다. 같은 이유에서, 그분은 진리를 눈곱만큼도 포기하지 않았기 때문에 조금 더 확실하게 그분의 최후를 확정지었던 것입니다.[17] 오, 영원히 확실한 파멸의 길이여!

그런데 그때 그분은 어떻게 내일에 대한 염려 없이 사셨냔 말입니다. 그분께서 내일의 염려를 모르는 분도 아니었습니다. 그분은 다른 인간적인 고통을 모르는 분도 아니었습니다.[18] 그분은 고통의 순간에 탄식을 쏟아냅니다.

"나의 때가 왔구나!"[19]

전쟁이 있는 동안 적들이 사령관을 뒤쪽에서 공격하게 될 경우, 사령관을 둘러싸라고 말합니다. 그러나 그분은 이것을 어떻게 수행할 수 있느냔 말입니다. 그분은 한 날을 사는 동안에 그의 적들에 의해 둘러싸여야 했으니까 말입니다. 그분의 적들은 '내일' 뒤쪽에서 그분을 습격할 준비가 되어 있던 것입니다. (게다가 **그분은 내일에 대해 등을 돌렸습니다.** 왜냐하면 다른 모든 인간들의 경우에 존재하는 방식과는 다른 의미에서, 영원은 현재에 그분과 현존하고 있었기 때문입니다.) 그런데 그분은 이것을 어떻게 수행할 수 있느냔 말입니다.

설명하지 말아야 하는 것을 건방지게 설명함으로써 우

리가 인간적인 감탄을 구하지 않도록 하여 주소서! 우리는 그분이 인간에게 박식한 연구를 위한 주제들을 제공해 주기 위해 오셨다고 믿지 않습니다. **그분은 우리에게 과업을 주시기 위해, 발자취를 남기기 위해 오신 것입니다. 그분은 우리가 그분으로부터 배울 수 있도록 오신 것입니다.**

따라서 우리는 답이 포함된 방식으로 질문을 던졌던 것이고, 그분께서 어떻게 그것을 수행하셨는지, 우리가 배워야 하는 것은 무엇인지, 기억하는 방식으로 질문을 던졌던 것입니다.[20] 곧, **영원은 날마다 그분과 현존했습니다.** 그러므로 내일이 올 때까지 내일은 그분에게 어떤 능력도 발휘하지 못합니다. 내일이 왔고 현재가 되었을 때, 아버지의 뜻을 따라 과거에 있었던 그대로의 모습을 제외하고는, 내일은 그분께 어떤 능력도 발휘하지 못했습니다. 왜냐하면 그분은 자유롭게 아버지의 뜻에 동의했고 또한 순종함으로 그 뜻을 받아들였으니까요.[21]

그러나 이방인들에게는 이 염려가 있습니다.

왜냐하면 이방인들은 명확히 자신이 그 괴로움의 원인

이 되고 있기 때문입니다. 하나님께 자신의 모든 염려를 던져버리는 대신에,[22] 이방인들은 괴로움으로 가득 차 있습니다. 그들은 하나님 없이 존재하고 있으며,[23] 명확히 그런 이유로 괴로움을 당하고 있고, 스스로 자신의 괴로움의 원인이 되고 있습니다. 그들은 하나님 없이 존재하므로, 그들에게 괴로움의 짐을 부과한 것은 하나님일 수 없습니다. 이 공식은 "하나님 없음: 괴로움 없음-하나님: 괴로움"이 아니라, "하나님: 괴로움 없음-하나님 없음: 괴로움"입니다.

"내일 죽을 터이니, 우리가 먹고 마시자."[24] 이것은 이방인들이 내일에 대해 염려하지 않는다는 것을 의미하나요? 그들이 내일이 없다고 말하고 있기 때문에 말입니다. 아니오, 그들은 기독교를 속이지 못합니다. 사실, 그들은 자기 자신을 속이는 것에도 성공한 적이 없습니다. **그들이 말하는 방식은 내일에 대한 염려로, 그 날에 그들이 전멸될 것이라는 염려로 가득 차 있기 때문입니다.** 심연에서 올라오는 비명소리가 있음에도 불구하고 미친 듯이 기쁨을 표현하고 있다고 주장하고 있는 것이, 바로 이 염려입니다.

이방인들은 내일에 대해 염려하고 있었기 때문에 그것을 잊기 위해 **마취상태**로 뛰어든 것입니다. 그러나 그들이 아무리 내일에 대해 염려하고 있을지라도, 이 상태가 내일에 대해 괴롭힘 당하지 않는 것과 같을 수 있는 것인가요? 이같이 말하는 사람들이 무언가를 제거해 온 것이 있다면, 그것은 그들의 이해와 그들의 마음입니다.

'내일'은 하루를 살아가는 그들의 모든 이야기에 동반되고 있는 **후렴구**입니다. 왜냐하면 이 구절은 언제나 이 '내일'을 언급하는 것으로 끝나기 때문입니다.[25] 이방인들이 말하듯, 그들에게는 내일이 없기 때문에 오늘을 완전하게 살고 싶은, 삶에 대한 절망적인 욕망에 대해 말하는 것은 맞습니다. 그러나 이것은 착각입니다. 왜냐하면 이것은 오늘을, 바로 이 하루를 사는 방식이 아니니까요. 적어도 그렇게 **완전하게** 사는 방식이 아니니까요.

인간은 자신 안에 영원을 갖고 있습니다. 따라서 인간이 순수하게 덧없는 것들에 대해 **완전하게** 존재하는 것은 불가능합니다. 영원을 피하려고 노력할수록, 그는 현재를 살아내는 것으로부터는 점점 더 멀어집니다. 이방인들이 내일 죽을지에 관한 한, 그것은 우리의 결정사항이 아닙니다. 그러나 <u>이방인들이 현재를 살고 있지 않다는 것은 확실합니다.</u>

"그러나 내일!" 그리스도인들은 오늘에 대해서만 말하

듯이, 이방인들은 내일에 대해서만 말합니다. 그들은 오늘 일이 어떻게 되든, 기쁜 날이든, 슬픈 날이든, 행운의 날이든, 불행한 날이든, 오늘의 이런 저런 일들에 대해서는 영향을 받지 않습니다. 그들은 오늘을 사용할 수도, 기뻐할 수도 없습니다. 왜냐하면 벽에 보이지 않는 글씨가 쓰인 것으로부터 자신의 눈을 뗄 수가 없기 때문입니다.[26] 그것은 '내일'입니다.

"내가 오늘 배고프지 않다 해도, 내일은 배고플 거야. 도둑이 내일 내 모든 재산을 훔칠 수도 있어. 도둑은 내일 내 명예를 습격할 수도 있어. 내일, 불순물 때문에 나의 아름다움이 훼손될 수도 있다고. 내일 삶의 질투가 나의 행운을 무효화시킬거야. 내일이야! 내일 그렇게 될 수 있다고! 오늘 나는 행운의 정상에 서 있어. 슬프다. 그러나 내가 오늘 신속히, 아주 신속히, 고통당해야 하는 불행에 대해 나에게 말하리라. 그렇게 하지 않는다면, 내일 모든 것이 상실되고 있는 것을 무제한으로 보게 될 것이 당연하니까."

염려란 무엇인가요? 그것은 내일입니다. 이방인들은 가

장 행복할 때, 왜 가장 염려하나요? 아마도 역경과 불행이 그들의 세상적인 염려의 불을 끄는 데 봉사하고 있기 때문일 것입니다. 알다시피, 세상적인 염려는 염려를 낳고 또한 불러일으킵니다. 그 결과, 염려는 마음의 염려하는 상태에 먹이를 주고 이를 사육합니다. 그러나 깜부기불이 화염으로 불타오르기 위해서는 바람이 필요합니다. 그리고 이것은 명확히 **세상적인 욕망과 세상적인 불확실성**uncertainty**에 의해 만들어집니다. 세상적인 욕망과 세상적인 불확실성은 두 기류입니다.** 이것들은 염려가 거주하고 있는 열정의 불을 화염으로 불타오르게 만듭니다.

그때 이방인들은 염려하는 중에 누구와 싸우고 있습니까? **자기 자신과, 자신의 상상력과 싸우고 있습니다.** 왜냐하면 당신이 내일에 힘을 허락하지 않는다면, 내일은 무기력한 무nothing이기 때문입니다. 당신이 아무런 저항 없이 당신의 모든 능력을 내일에게 양보한다면, 그때 이방인처럼 아주 두려운 방식으로 당신이 얼마나 힘이 셌는지를 알게 될 것입니다. 내일은 얼마나 괴물 같은 능력이 될 수 있는가요!

내일: 이방인들은 영혼의 두려움으로 가득 차서 내일을 만나러 갑니다. 그들은 심판의 자리에 질질 끌려가는

죄인처럼 내일과 저항하며 싸우고 있습니다. 그러나 내일에 저항하기 위해 헛되이 노력하는 것, 그것은 마치 난파된 배에서 허우적대며 육지를 향해 팔을 뻗고 있는 선원과 같습니다. 혹은 이것은 마치 자신의 완전한 행운이 바다로 침몰하는 것을 육지에서 망연자실 바라보기만 하는 자처럼 위로가 없습니다.

따라서 **이방인들은 자기 자신을 불태우고 있습니다.** 다시 말해, 내일이 그들을 불태우고 있는 것입니다. 슬픈 일입니다, 인간의 영혼이 **거기에서** 꺼져버리다니요. 누군가 그의 자기self를 상실하다니요. 아무도 그 일이 어떻게 일어났는지 알지 못합니다. 거기에는 어떤 결핍도, 어떤 불행도, 어떤 역경도 존재하지 않습니다. 이 사람을 불태워버릴 만큼 놀랄만한 능력을 누구도 본 적이 없습니다. 그러나 그는 불타버린 것입니다.

이방인들은 무덤에서 쉼을 찾을 수 없는 불행한 영spirit처럼, 유령처럼, 그렇게 살고 있습니다. 다시 말해, 그들은 결코 살고 있지 않습니다. 밤을 낮으로 착각한 사건에 대해 사람들이 떠들썩하게 이야기하는 것과 같은 방식으로, 이방인들은 절망적으로 이 하루를 내일로 만들어 버립니다. 그들이 오늘도 살지 못하고 내일까지도 살지 못하는 이유입니다.

의사들이 포기한 환자들에 대해 우리는 이따금 말합니다. 그들은 내일까지 살지 못할 것입니다. 그럼에도 불구하고 그 환자는 여전히 오늘을 살고 있습니다. 그러나 스스로 염려를 발명한 자들에 대해서는, 내일까지도 살 수 없다는 것, 그들이 영원을 포기했을 때 그들은 버려졌다는 것, 이것을 말하는 것이 더 정확합니다. 따라서 그들은 내일까지 살지 못하는 것은 말할 것도 없고, 오늘을 살지 못합니다. 그들이 여전히 살아 있다 해도 말입니다. 그러나 내일까지 살기 위해서는, 그럼에도 불구하고 오늘을 살아야 합니다.

벽에 그려진 나무에 날아가 나뭇가지에 앉으려 시도하다 지쳐버린 새처럼, 심지어 나뭇가지 중 하나에 걸터앉기 위해 애쓰다가 죽어가고 있는 새처럼, 스스로 괴로움을 발명한 자들은 '내일'을 살고 싶어 하다가 영혼을 상실합니다.

큰 바다를 여행하다 지쳐버린 새처럼, 결국 살 수도 없고 죽을 수도 없는 상태에서 지친 날갯짓을 하며 바다에 침몰하고 있는 새처럼, 스스로 괴로움을 발명한 자들은 오늘과 내일의 분리된 거리를 가로지르며 여행을 하다 지쳐버립니다.

그러나 자신의 괴로움을 발명한 자들은 오늘도 살지 못하고 내일까지도 살지 못할지라도, 그들은 살고 있으며 그럼에도 불구하고 계속해서 살고 있고, 허구한 날 살고 있습니다. 주님은 그들의 빛이 될 수 없습니다. 왜냐하면 그들이 살든지 죽든지, 그들이 있는 곳, 아, 맞습니다! 그들이 어디에 있든지 그곳은 지옥에 있는 것만큼이나 어둡고 축복이 부족하니까요.

이제 우리가 새에 대하여 생각함으로 결론지읍시다.

이 강화는 복음의 한 부분이었고 이 본문의 한 부분이 되어야 합니다.[27] 새는 같은 날에 그에게 약속된 먼 거리의 목적지에 도착합니다. 그리스도인은 **"바로 오늘"**[28] 하늘에 있습니다. 그러나 이방인은 자신의 자리를 떠난 적이 없습니다.

새는 좋은 의미에서 몰두한 자기self-absorbed이며 분별 있는 방식으로 자기를 사랑하고, 존재하지 않는 괴로움을 발명하지 않습니다. 그리스도인은 하나님을 사랑하고 따라서 존재하지 않는 괴로움을 발명하지 않습니다. 그러나 이방인은 자기혐오로 가득 차 있고, 존재하지 않는 괴로움을 발명합니다. (하지만 하나님은 이것을 금하셨고 지금도 금하고 있습니다.)

새는 단 하루를 살고 내일은 아예 그를 위해 존재하지 않는 것처럼 삽니다. 그리스도인들은 영원히 삽니다. 그래서 내일은 존재하지 않습니다. 그러나 이방인은 결코 산 적이 없으며, 내일까지 사는 것조차 언제나 금지됩니다.

새는 염려로부터 완전히 자유롭습니다. 그리스도인은 **모든 염려로부터 구원받을 수 있는 축복**을 갖고 있습니다. 그러나 이방인의 염려는 존재하지 않는 괴로움을 발명한 것에 대한 **형벌**입니다. 어떤 죄도 스스로 발명한 괴로움이 벌을 가한 것처럼 그렇게 자신에게 벌을 주지 못합니다.

참고 자료

01 마태복음 6:30, "오늘 있다가 내일 아궁이에 던져지는 들풀도 하나님이 이렇게 입히시거든 하물며 너희일까 보냐 믿음이 작은 자들아"

02 그 당시에 기차와 철도는 거대한 건설 계획이었다. 기차는 영국에서 1830년에 시작되어 유럽 전역으로 퍼져나가기 시작했다. 덴마크에서 첫 번째 철도 시스템은 1844년 9월에 Holstein에서 Kiel과 Altona 사이를 연결하며 시작되었다. 1847년 6월에는 Copenhagen과 Roskilde 사이에 철도가 놓였다. 아마도 키르케고르는 1843년 5월에 베를린에서 돌아올 때, 철도를 이용한 것처럼 보인다.

03 이 부분을 정확히 옮기자면, "자기 학대"가 될 것이다. 그러나 독자들의 눈높이에 맞게 번역한다면, "스스로 발명한 괴로움"이 될 것이다. 이후로는 이 부분을 "스스로 발명한 괴로움"으로 번역했다.

04 이 부분은 성경에 나오는 표현을 인용한 것이다. 마 6:34 "그러므로 내일 일을 위하여 염려하지 말라. 내일 일은 내일이 염려할 것이요, 한 날의 괴로움은 그 날로 족하니라."

05 잠언 16:32, "노하기를 더디 하는 자는 용사보다 낫고 자기의 마음을 다스리는 자는 성을 빼앗는 자보다 나으니라."

06 북유럽 신화에 등장하는 여러 가지로 변하는 괴물. 스칸디나비아 전설에 의하면, 인간 마을에서 멀리 떨어진 곳에 살며 기독교를 믿지 않는 존재로 교회를 싫어하며 교회를 해코지 하는 존재.

07 영역본은 이것을 쇠갈고리(grappling iron) 혹은 널빤지(plank)로 번역하고 있으나 키르케고르 연구소에서 제공하는 설명에서 이것은 일종의 "전함"이다.

08 초안의 여백에서 제거된 것은 다음과 같다.

열정의 불은 꺼진다. 왜냐하면 불을 붙이기 위해서는 언제나 바람(draught)이 존재해야 한다. 그러나 욕망과 불확실성의 기류가 최고조에 이를 때까지 열정에 불을 붙이는 이런 바람을 만든다.

09 이것은 일종의 시간적인 모든 것들과 단절되는 것을 의미한다. "세상으로부터의 단절"과 같은 표현은 신비주의나 경건주의 문학에서 자주 등장한다. 또한 죄에 대하여 죽는다는 것은 바울의 중심이 되는 사상이다. 다음을 참고하라.

로마서 6:1-2, "그런즉 우리가 무슨 말을 더 하리요? 은혜를 더하게 하려고 죄에 거하겠느냐? 그럴 수 없느니라. 죄에 대하여 죽은 우리가 어찌 그 가운데 더 살리요."

베드로 전서 2:24, "친히 나무에 달려 그 몸으로 우리 죄를 담당하셨으니 이는 우리로 죄에 대하여 죽고 의에 대하여 살게 하려 하심이라. 그가 채찍에 맞음으로 너희는 나음을 얻었나니"

10 마태복음 6:34, "그러므로 내일 일을 위하여 염려하지 말라. 내일 일은 내일이 염려할 것이요, 한 날의 괴로움은 그 날로 족하니라."

11 마태복음 23:24, 사소한 일에는 집착하면서도 중요한 것은 무시하는 바리새인들의 위선을 비유적으로 표현한 말이다.

12 디모데전서 6:6, "그러나 자족하는 마음이 있으면 경건은 큰 이익이 되느니라."

13 창세기 6장의 네피림을 의미한다.

14 라틴어에서 이 단어는 "현재의"라는 뜻도 있지만, "능력이 있는"이라는 뜻도 있다.

15 주기도문을 참고하라. 마태복음 6:13, "우리를 시험에 들게 하지 마시옵고 다만 악에서 구하시옵소서."

16 마가복음 11:9, "앞에서 가고 뒤에서 따르는 자들이 소리 지르되, 호산나 찬송하리로다 주의 이름으로 오시는 이여" 또한, 마태복음 21:9을 참고하라.

17 이 부분은 요한복음 18:33-38을 암시하고 있다.

18 이 부분은 마태복음 26:36-46에 나오는 주님의 겟세마네의 기도를 참고하라.

19 마태복음 26: 45, "이에 제자들에게 오사 이르시되, 이제는 자고 쉬라. 보라, 때가 가까이 왔으니 인자가 죄인의 손에 팔리느니라."

그리고 마가복음 14:41 혹은 누가복음 12:50을 참고하라. 그리스도의 고난에 대하여 더 생각해 보고 싶다면, 『자기 시험을 위하여』 2부를 참고하라.

20 베드로전서 2:21, "이를 위하여 너희가 부르심을 받았으니 그리스도도 너희를 위하여 고난을 받으사 너희에게 본을 끼쳐 그 자취를 따라오게 하려 하셨느니라."

21 요한복음 6:38, "내가 하늘에서 내려 온 것은 내 뜻을 행하려 함이 아니요, 나를 보내신 이의 뜻을 행하려 함이니라." 또한 요한복음 4:34에서는 "나의 양식은 나를 보내신 이의 뜻을 행하며 그의 일을 온전히 이루는 것이니라."라고 말하고 있다. 겟세마네 기도에서 주님은 "나의 원대로 마시옵고 아버지의 원대로 하옵소서"라고 기도한다.(막14:36)

22 베드로전서 5:7, "너희 염려를 다 주께 맡기라. 이는 그가 너희를 돌보심이라."

23 에베소서 2:12, "그 때에 너희는 그리스도 밖에 있었고 이스라엘 나라 밖의 사람이라. 약속의 언약들에 대하여는 외인이요, 세상에서 소망이 없고 하나님도 없는 자이더니"

24 고린도전서 15:32, "내가 사람의 방법으로 에베소에서 맹수와 더불어 싸웠다면 내게 무슨 유익이 있으리요. 죽은 자가 다시 살아나지 못한다면 내일 죽을 터이니 먹고 마시자 하리라."

25 이 부분은 영어나 덴마크어의 성경 구절에서 "내일 죽을 터이니"가 뒤에 언급되기 때문이다. 위의 성경 구절을 참고하기 바란다.(역주)

26 다니엘 5:5, "그 때에 사람의 손가락들이 나타나서 왕궁 촛대 맞은 편 석회 벽에 글자를 쓰는데 왕이 그 글자 쓰는 손가락을 본지라."

27 마태복음 6:25-27절을 일컫는다.

28 누가복음 23:43, "예수께서 이르시되, 내가 진실로 네게 이르노니 오늘 네가 나와 함께 낙원에 있으리라 하시니라."

두 마음을 품은 염려

Tvivlraadighedens, Vankelmodighedens,
Trøstesløshedens Bekymring

한 사람이 두 주인을 섬길 수 없다.
이는 다 이방인이 구하는 것이라.[01]

새에게는 이 염려가 없습니다.

천사가 하나님의 사자라면,[02] 그래서 천사들이 하나님의 모든 지시에 순종한다면, 하나님이 천사를 사용하시듯 바람을 사용한다면,[03] 하나님이 새와 백합을 하나님의 사자들로 사용하지 않을지라도, 하나님이 그들을 쓰시는 것을 싫어하는 것처럼 보여도, 사람은 새와 백합이 천사와 똑같이 순종하고 있다고 말해야 합니다.

그러므로 새와 백합은 하나님이 쓰셨다고 해서 거드름을 피울 이유가 없습니다. 그들은 겸손하게 자신들이 얼마나 **불필요한**superfluous **존재**인지 느낍니다. 그들은 하나님께 소중한 존재도 아닐 뿐더러, 그들의 그런 **불필요함**이 결코 좋은 운명도 아닙니다.

비범한 능력을 지닌 자가 불필요한 자가 되는 것이 인

간의 세계에서 예외적인 것은 아닙니다. 왜냐하면 바쁜 사람들이 그에게 지시한다거나, 혹은 그가 쓰임 받고 열중하기를 원하는 모든 특별한 것들과의 관계에서 그가 잘 어울리지 않기 때문입니다. 그러나 **그의 불필요함**superfluity**은 바쁜 사람들의 모든 중요한 일보다 창조자의 영광을 더 잘 섬깁니다.** 마르다가 바쁘게 움직이며 일했던 것보다 마리아가 그리스도의 발아래에 앉아 있음으로 그분께 더욱 영광이 되듯이,[04] 새와 백합을 포함하여 하나님이 창조에 있어 낭비해 왔던 불필요한 아름다움과 기쁨도 또한 그분께 더욱 영광이 됩니다.

그러나 **비범한 능력을 지닌 자들이 불필요하기 때문에, 그들에게 완전한 순종이 요구됩니다.** 진실로 그들에게 존재하는 모든 것은 은혜입니다. 그들이 모든 것을 은혜에 빚졌기 때문에, 자신들이 불필요한 존재라는 것을 깨달은 사람들은 그만큼 더욱 순종하고 있음에 틀림이 없습니다.[05]

전능자의 손에서는 존재하는 모든 것이 무nothing입니다. 왜냐하면 그분은 무로부터 모든 것을 창조하셨으니까요. 그러나 불필요한 존재가 되기보다 그들의 실존이 무를 성취한(아무것도 성취하지 못한) 사람들은 그들이 무라는

(아무것도 아니라는) 것을 다른 어떤 것들보다 더욱 깊이 깨달아야 합니다.

부모가 자녀들을 위해 몰래 파티를 꾸밀 때, 자녀들이 기쁨에 넘쳐 순종하기를 기대할 것입니다. 다시 말해, 그들은 **순종이 되는 그 기쁨을 기대**할 것입니다. 그러나 그들이 가난한 (이웃의) 자녀들을 위해 몰래 파티를 꾸민다면, 그리고 자신의 자녀들에게 주어야 할 모든 선물을 그들에게 준다면, 그 부모의 행위는 더욱 결정적으로 그 비밀이 무조건적인 순종인 그 기쁨을 요구합니다.

새와 백합이 마치 이와 같습니다. 그들은 다른 어떤 주인에 대한 생각도 없습니다. 어떤 것도 생각하지 않은 채, 명확히 새와 백합이 **'이 주인'**을 섬기는 것 말고는 아무것도 할 수 없습니다. 그들은 정원사의 손에서 순종적인 식물보다 이 주인의 손에서 더 잘 순종합니다. 그들은 집비둘기가 주인의 몸짓에 순종하는 것보다 그분의 모든 몸짓에 더 잘 순종합니다. 모든 새와 백합은 오직 한 주인에게만 속합니다. 그러나 각각의 새와 각각의 백합은 오직 이 한 주인만을 섬깁니다.

이것이 새가 결코 두 마음을 품을 수 없는 이유입니다. 새가 여기 저기 날아다니기 때문에 **두 마음을 품은 것**

indecisiveness**처럼 보여도** 결코 새는 두 마음을 품지 않습니다. 오히려, 그 반대입니다. 실제로 새는 순수한 기쁨 때문에 여기 저기 날아다닌다는 것이 꽤 확실합니다. 이것은 두 마음을 품은 피조물의 불확실한 비행이 아니라, **완전한 순종의 가벼운 비상**arc, 飛翔입니다.

새는 곧 머물던 자리lodging에 싫증이 난 나머지 먼 곳으로 날아갑니다. 그러나 이것이 새가 **변덕스럽기**vacillation 때문이 아닙니다. 오히려, 그 반대입니다. 이것은 완전한 순종이 깔려 있는 확고하고 명확한 결심입니다. 아마도 어떤 인간의 결심도 그와 같이 확고하고 명확하게 서 있기 힘듭니다.

이따금 새가 부리를 앞으로 내민 채 앉아 있는 것을 볼 수 있습니다. 아마도 새에게 슬픔이 있을 수 있습니다. 그러나 **절망적이지는**disconsolateness 않습니다. 왜냐하면 순종하는 새에게 결코 위로가 없지 않기 때문입니다. 그리고 새의 삶에는 본질적으로 슬픔이 없습니다. 왜냐하면 새는 한 주인만을 섬기기 때문입니다. 그리고 이것이 새를 위해서뿐만 아니라 인간을 위해서도 최고로 좋습니다. 왜냐하면 섬김으로써 위로 없는 슬픔에서 자유롭기 때문입니다.

그때, 새와 백합은 어떻게 우리에게 선생인가요? 그것

은 단순합니다. **새와 백합은 한 주인만을 섬깁니다.** 그리고 (이것은 동일한 것을 말하고 있습니다.) 그들은 **전(全) 존재로 그분을 섬깁니다.** 그때, 백합처럼, 새처럼 되십시오! 오직 한 주인만을 섬기십시오! 당신의 마음을 다하고 목숨을 다하고 뜻을 다하여 그분을 섬기십시오![06] 그때 당신 또한 염려가 없게 될 것입니다!

당신은 새와 백합보다 우월합니다. 당신은 주인의 친척입니다. (반면에 새와 백합은 앞에서 언급한 가난한 자녀들과 같습니다.) 그러나 그럼에도 불구하고 당신이 새와 백합처럼 전 존재로 그분을 섬긴다면, 순종 중에 당신은 같은 주인을 섬깁니다.

그리스도인에게는 이 염려가 없습니다.

[07]"한 사람이 두 주인을 섬길 수 없습니다." 혹은 다르게 표현한다면, **전(全) 존재**로 섬길 수 있는 오직 한 주인만 존재합니다. 이것은 두 주인 사이의 선택이든가, 단순히 두 주인 중에 한 주인을 선택하든가, 두 주인 중에 한 주인에게는 무관심한 채로 남는 반면 다른 주인을 섬기든

가 하는 그런 문제가 아닙니다. 이것은 한 주인을 섬기는 것이 무엇인지에 대한 것도 아닙니다. 주인은 오직 한 분이고 '주님'이십니다. 그런 방식에서 그분을 섬길 때, 사람은 한 주인을 섬깁니다. "유일한 한 분 주님이 있고"[08] 사람이 한 주인을 섬기지 않을 때, 그가 그분을 섬기지 않았다는 것은 분명해야 합니다.

그러므로 온전히 맘몬재물, mammon만을 섬기기로 선택한 사람이 한 주인을 섬긴다는 것은 맞지 않습니다. 그럼에도 불구하고 그는 자신의 의지와는 상관없이 다른 주인을 섬기는 가운데 있기 때문입니다. 즉, **'주님의 섬김'**입니다.

하나님을 제외하고 어떤 주인을 선택한 사람은 하나님을 미워해야 합니다. "왜냐하면 그는 한 주인을 사랑하거나 다른 주인을 미워해야 하기 때문입니다."[09] 다시 말해, 그가 한 주인을 사랑한다면, 다른 주인은 미워해야 합니다. 그러나 **그가 하나님을 아무리 미워해도, 그는 그분의 섬김에서 결코 도망칠 수 없습니다. 결국 그는 오직 한 주인을 섬기지 못합니다.**

하나님의 종이 된다는 것은 다른 인간의 종이 되는 것과 같지 않습니다. 인간의 종이 되는 곳에서, 사람은 자신이 섬겨야 하는 현장에서 도망칠 수 있고, 멀리 도망쳐 첫 번째 주인이 다시는 찾을 수 없게 하는 것이 가능합니다. 혹은 그가 다른 주인에 대한 봉사를 시작하므로 첫 번째 주인은 자신의 요구를 포기해야만 합니다. 그러나 그가 절망 가운데 아무리 다른 주인을 섬기는 것을 원할지라도, '주님'을 제외한 다른 주인을 섬기는 것을 선택한 사람은 그럼에도 여전히 두 주인을 섬기고 있습니다.

이 사람이 받는 형벌은 바로 이런 자기모순입니다. 곧, 그는 불가능한 것을 원합니다. **두 주인**한 주인[10]을 섬긴다는 것은 불가능하기 때문입니다. 그러나 **사람이 전 존재로 그분만을 섬길 때, 사람이 '주님'을 섬기기로 선택할 때만, 한 주인을 섬기는 것이 가능합니다.** 이것은 마치 유혹과 같아 보입니다. "당신은 이 두 주인 중에 한 주인을 선택해야만 한다."고 말함으로써 복음은 마치 인간적인 변덕을 만족시키려 하는 것처럼 보입니다. 그러나 이것이 우리가 영원의 두려운 심각성을 단단히 붙들고 있어야 할 필요가 있는 곳입니다. 당신은 그분을 선택함으로써 한 주인을 섬기는 방식으로만 둘 중에 한 주인을 선택할 수 있습니다.

그러므로 의심에 헌신한 자들이 오직 한 주인만을, 즉 의심만을 섬기고 있다는 것은 맞는 말이 아닙니다. 의심하는 것to doubt, tvivle, 이 말 자체가 암시하고 있듯이, 이것은 **자기 자신과 하나가 된 것이 아니라 둘로 나뉜 것**이기 때문입니다.[11] 악행에 헌신한 자들은, 그 생각이 아무리 역겹더라도, 오직 한 주인만을, 즉 악마만을 섬기고 있다는 것은 맞는 말이 아닙니다. 왜냐하면 도둑들 사이에는 어떤 화합도 없고, 강도의 소굴이 되어 버린 마음 속은 그만큼 작기 때문입니다. **자기 자신과 조화를 이루지 못하고 있는 사람이 어떻게 한 주인을 섬길 수 있겠습니까?**

그리스도인들은 오직 한 주인인 '주님'을 섬깁니다. 그분을 섬길 뿐만 아니라 그분을 사랑합니다. 온 마음을 다해, 온 성품을 다해, 온 힘을 다해, 자신의 하나님인 주님을 사랑합니다. 이것은 그들이 전 존재로 그분을 사랑하는 이유입니다. 왜냐하면 오직 사랑만이 완전한 하나 됨을 만들 수 있으니까요. 사랑 안에서 '다름'은 하나가 되고, 사랑이신 하나님 안에서 사람은 하나가 되니까요.[12]

사랑은 모든 결속들 중에서 가장 강합니다. 왜냐하면 사랑하는 자들은 자신이 사랑하는 사람들과 사랑으로 인해 하나가 되기 때문입니다. 어떤 결속도 이보다 더 안전하게 묶을 수 없고 어떤 결속도 이만큼이나 안전하게 묶을 수 없습니다.

하나님을 사랑하고 있는 이 사랑은 완전한 결속입니다. 이 사랑 때문에 우리가 완전히 순종하는 가운데, 우리는 우리가 사랑하는 하나님과 하나가 됩니다.[13] 하나님을 사랑하고 있는 사랑은 모든 결속들 중에서 가장 유익합니다. 곧, 이 사랑이 하나님을 섬기는 중에 우리를 독점적으로 보호함으로써, 염려로부터 우리를 자유롭게 합니다. 이 사랑이 우리를 하나 되게 합니다. 이 사랑 때문에 우리는 영원히 우리 자신과 하나가 되고 하나이신 주님과 하나가 됩니다. 이런 일치에서 이 사랑은 우리가 하나님을 닮게 합니다.

오, 이 축복된 섬김이여! 따라서 하나님 한분만을 섬기십시오! 이것은 우리가 단 하나의 구절로 이 섬김을 표현할 때, 그렇게 엄숙한 것solemn, høitideligt처럼 들린 이유입니다. 그런 섬김은 **"거룩한 섬김**Guds-Tjeneste"이니까요. 그리고 그리스도인의 삶은 변함없는 거룩한 섬김이니까요. 새는 새의 삶이 거룩한 섬김이라고 불릴 수 있을 만큼 그렇게 높이high, høi 올라가지 못합니다. 새가 동일하게 순종한다 해도, <u>순종을 통해 결코 그렇게 완전해지지 않습니다.</u>

그때 그리스도인들은 새보다 더 잘 순종하나요? 진실로 그들은 더 잘 순종합니다. 왜냐하면 새는 하나님의 뜻

will을 제외하고 다른 뜻은 없는 반면, 그리스도인들은 순종하는 중에 변함없이 하나님께 순복하고 있는 **다른 의지** will를 갖고 있기 때문입니다. 그리고 바로 이것이 그리스도인들이 (새보다) 더욱 순종하는 이유입니다. <u>이런 순종은 무거운 희생입니다. 그러나 이것은 하나님을 기쁘시게 합니다.</u>[14] 따라서 축복을 받습니다.

슬프군요! 그러나 무엇보다 우리가 사랑할 수 있는 다른 모든 것들에 대한 이야기가 있을 수 있습니다. 남자 혹은 여자, 아이, 아버지, 조국, 예술, 과학 등. 그러나 다른 어떤 것들보다도 모든 인간들이 더 사랑하는 것, 약속의 아들보다 더 사랑하는 것,[15] 그들이 사랑하고 있는 사람보다 더 사랑하는 것, 하늘과 땅보다 그들이 더 사랑하는 것, 그것은 결국 **자신의 의지**입니다.

[16]당신의 자녀에게 안수하지 마십시오. 하나님은 그렇게 잔인하지 않습니다. 당신이 사랑하는 자를 포기하지 마십시오. 하나님은 그렇게 강퍅하지 않습니다. 거기에, 당신의 마음속 저 깊은 곳에 무언가, 다른 무언가 존재합니다. 거기에 당신이 이보다 더욱 단단히 매달릴 것이 아무것도 없기 때문에, 그렇게 매달림으로 당신 스스로에게 해를 가하고 있기 때문에, 당신의 구원을 위해 이 무언가를

당신에게서 강탈해야만 합니다. 그리고 거기에는 당신에게 이보다 더 단단히 매달리고 있는 아무것도 없습니다. 왜냐하면 아이는 기꺼이 희생되기를 원했고 사랑하는 자는 더욱 그의 희생에 동의했으니까요. **이 무언가는 당신의 의지입니다.**

새를 보십시오! 새는 즉각적으로 하나님의 뜻에 순종하기 위해 가까이 있습니다. 반면, 그리스도인은 어떤 의미에서 순종하기 위해서 먼 곳으로부터 옵니다. 그럼에도 불구하고 새보다 더 잘 순종합니다. 어떤 것이 더 빠를까요? 당신이 오라고 요구하는 순간, 당신 편에 서서 당신을 향하고 있는 자인가요? 같은 순간에 먼 곳에서 출발하여 같은 장소에 도착한 자인가요? 새는 하나님이 부르실 때 그 부름에 경의를 표하고, 할 수 있는 한 빨리 옵니다. 이를 보는 것은 기쁨입니다. 그러나 그리스도인은 무한히 신속히 도착합니다. 왜냐하면 **그는 자신의 의지를 내려놓고 그분께 순복함으로써 그만큼 빨리 오기 때문입니다.**

이것은 그리스도인이 염려로부터 자유롭고 결코 두 마음으로 분열되지 않는 이유입니다. 왜냐하면 그는 믿으니까요. 그리스도인은 결코 변덕을 부리지 않습니다. 왜냐하면 영원히 결심했으니까요. 그는 위로 없이 존재하는 것이

아닙니다. 항상 기뻐하고 항상 감사하니까요.[17]

이 순종이 바로, 그분으로부터 배웠고 또한 배우고 있는 것을 성취하는 길^{way}입니다. 왜냐하면 그분이 길이셨기 때문입니다.[18] 그분 스스로 순종함을 배웠고,[19] 순종하셨고, 모든 일에서 순종하셨으니 말입니다. 그분은 모든 것(즉, 그분이 창세 이전부터 있었던 영광의 포기[20])을 순복함으로 순종하셨습니다. 그분은 모든 것(심지어 머리 둘 곳도 포기[21])을 포기함으로 순종하셨습니다.[22] 그는 그분 스스로 모든 것(세상의 죄)을 떠맡음으로 순종하셨습니다. 그분은 모든 일(인류의 죄책)에 고난당함으로 순종하셨습니다. 그분은 순종함으로 삶과 죽음에서의 모든 것을 내려놓으셨습니다.

이런 식으로 그리스도인은 한 주인에게 완전하게 순종해야 합니다. 새가 창조자의 영광을 위해 멈추지 않고 노래하듯이, 그리스도인도 또한 그렇게 노래해야 합니다. 혹은 적어도 자신이 마땅히 그래야 한다는 것을 이해하고 인정합니다. 그때 이런 이해와 인정이 영광의 선포입니다. 이런 식으로, **그리스도인의 삶은 '주님'의 영광**the master's honor **을 위한 찬양의 노래와 같습니다.** 왜냐하면 그리스도인의 삶은 저 천상의 노래보다 더 자발적이고 더 조화로운 방법으로 하나님의 뜻이 울려 퍼지게 하는 노래이기 때문입니다. 이 삶이 찬양의 노래입니다. 인간은 순종으로만 하나님을 찬양할 수 있으니까요. 완전한 순종perfect obedience으로 최고의 찬양을 할 수 있으니까요.

그러나 이것은 이 찬양의 노래가 너무 고음이고 그렇게 깊이 메아리치는 이유입니다. 순종은 사람이 이해하고 있는 것을 찬양하는 것이 아니고, **겸손과 기쁨으로 그가 이해하지 못한 것을 찬양하기 때문입니다.** 또한 이것은 이 찬양의 노래가 인간의 이해가 만든 장난감 트럼펫으로 연주되는 것이 아니고, 오직 믿음의 악기인 천상의 트럼펫으로만 연주되는 이유입니다.

그리스도인은 순종을 통해 한 분만을 찬양합니다. 다시 말해, 하나님이 모든 것을 행하셨고, 하나님이 행하신 모든 것이 순전한 은혜요, 지혜임을 찬양합니다.

그러므로 으레 당연한 듯이 하나님께 감사하는 것은 그리스도인에게는 용납될 수 없는 불순종이요, 반항입니다. 왜냐하면 사람이 느끼기에 무언가 이해할 수 있는 방식으로만 일어났기 때문입니다. 그가 이해할 때 유익했고, 그래서 만족했고 감사했을 것입니다. 그리스도인에게 그런 일이 일어날 때, 그는 확실히 감사합니다. 왜냐하면 그는 항상 감사하기 때문입니다. 다만, 그는 자기 자신을 불신하고 의심스러운 존재로 다룹니다. 또한, 유치한 생각에 의해 그에게 일어난 일들이 유익해보였고 만족스러워 보였기 때문에, 너무 과하게, 격렬하게 감사했을 때, 하나님 께 용서를 구하기 위해 기도합니다.

찬양의 진정한 노래, 혹은 **천상의 찬송**은 우리가 기쁜 순종으로, 무조건적인 순종으로 하나님을 찬양할 때 불려 집니다. 왜냐하면 우리는 그분을 **이해할 수 없기 때문입** 니다. 온 세상이 당신을 향해 저항하는 날에, 당신의 눈앞 에서 모든 것이 어두워지는 날에, 하나님이 계시지 않다는 것을 다른 사람들이 너무나도 쉽게 당신에게 증명할 수 있는 것을 발견하는 날에, 하나님이 계시다는 것을 **증명함 으로써** 거드름을 피우는 대신에 당신이 하나님이 계시다 는 것을 **믿고 있다**는 것을 겸손하게 증명하는 날에, 당신 이 기쁘고 무조건적인 순종으로 그렇게 행하는 날에, 바 로 이 날에 이것은 당신이 그분을 찬양할 때 제공되는 찬 양의 노래입니다. 이 찬양의 노래가 순종보다 더 높은 것 은 아닙니다. 다만 순종은 단 하나의 진정한 찬양의 노래 입니다. 찬양의 노래는 순종 속에 있고 찬양의 노래가 진 실하다면, 그때 그것은 순종입니다.

당신이 사람들과 관계할 때, 그들의 의지에 굴복함으로써 실제로 당신은 해를 입을 수 있다는 것이 사실입니다. 다른 사람을 위해 당신 자신을 희생하는 것이 축복이 될 수도 있기 때문에 그 해로움이 크지 않더라도 말입니다. 그러나 하나님의 뜻에 순종할 때 내가 어떻게 해를 입을 수가 있단 말인가요? 그분의 뜻은 나의 진정한 유익을 향해 있기 때문입니다. 그것이 그렇다면, 순종은 언제나 즐거워야 하는 것은 아닌가요? 내가 한 순간만이라도 즐거운지 즐겁지 않은지 생각하기 위해 멈춰서야 하나요? 왜냐하면 나에게 요구된 것은 나의 유익을 위한 것이니까요.

모든 피조물들은 그분의 몸짓에 순종함으로써 하나님을 찬양합니다. 그러나 그리스도인은 훨씬 더 완전한 순종으로 그분을 찬양합니다. 이 순종은 그들이 하나님은 이해할 수 없는 분임을 이해할 때 여전히 기뻐할 수 있는 순종입니다.

변덕과 절망이 그리스도인의 영혼 속에 몰래 침투할 수 있도록, 어떤 문이 열려진 상태로 있습니까? 두 마음을 품은 자들에게 어떤 뒷문이 무방비 상태로 남아 있습니까? 아니, **믿음의 요새**만큼 안전한 어떤 요새도 존재하지 않습니다. 다른 모든 요새의 경우, 어떤 문도 열려진 상태로 있지 않다 해도, 어떤 길도 그 문으로 안내하지 않는다 해도, 심지어 그 문으로 향하는 길이 없다 해도, 적들은 외부 세계로부터 그 요새를 완전히 차단할 수 있고 그 요새로 향하는 모든 교통수단을 중단시킬 수 있습니다. 그리하여 요새 전체를 굶어 죽게 만들고 요새를 강제로 항복시킬 수 있습니다.

그러나 **믿음의 경우, 당신이 외부세계로 향하는 교통수단을 차단하면 할수록(즉, 불확실, 변덕과 절망과의 교통입니다. 이런 것들은 다른 어떤 것들보다도 성에 접근하기 위한 외부 세계의 교통수단들이 의미하는 바와 잘 부합합니다), 요새는 더욱 안전해집니다.** 당신이 이 요새를 공격할 수 있다고 생각한다면, 그것은 오산입니다. 당신은 요새를 더욱 안전하게 만들고 있습니다. 성이 그 자체로 작은 세계라고 말하는 것은 단지 꾸며지고 거짓된 비유적인 표현에 불과합니다. 그러나 믿음의 요새는 그 자체로 세계이며, 요새의 생명은 그 벽 안에 존재합니다.

슬프군요! 요새가 결코 필요하지 않는 것, 요새에 가장 해로운 것이 있다면, 그것은 **외부세계와의 어떤 교통**입니다. 외부세계와의 모든 관계망으로부터 믿음을 차단하십시오. 믿음을 아사시키십시오. 그러면 믿음은 억류되는 것에 더욱 저항하게 될 것이고, 그 생명력은 더욱 풍부해집니다. 이 요새에서 믿음과 함께 순종이 거하게 됩니다.

그러나 이방인은 이 염려를 갖고 있습니다.

이방인은 분열된 상태에 있고, 두 의지를 갖고 있고, 어떤 주인도 없습니다. 혹은 그와 같은 상태에 이르게 되며 노예로 전락합니다. 이교도는 스스로에게 저항하다 분열된 왕국이고,[23] 변함없는 반역의 왕국입니다. 그곳에서 한 군주는 다른 군주로 대체되지만 결코 어떤 주인도 존재하지 않습니다. 이교도는 소동 가운데 있는 마음입니다. 매 순간을 지나가는 악마는 악마의 도움으로 쫓겨납니다. 그리고 일곱의 더 나쁜 악마가 들어옵니다.[24] 이교도가 아무리 그 모습을 다양하게 표현한다 해도, 이교도는 근본적으로 불순종하고, 무기력하며, 두 주인을 섬기고 싶어하는 자기 모순적인 시도를 합니다.

그러므로 이교도에 대해 말합니다. "두 길로 걷는 죄인에게 화가 있을지라!"[25] 제사장이 아무리 많이 있었어도, 회중에게 "제사장 없이" 있었다고 말할 수 있듯이, 이방인이 아무리 많은 주인이 있다 하더라도, 혹은 많은 사람들이 그의 주인이더라도, "어떤 주인도" 그의 마음을 다스릴 수 없다고 말할 수 있습니다.

모든 이방인들이 서로 닮은 한 가지가 있습니다. 그것은 '주님'을 향한 그들의 불순종입니다. 어떤 이방인도 할 수 없는 한 가지가 있습니다. 그것은 오직 한 주인만을 섬기는 것입니다. 아마도 그들은 다른 모든 것들을 시도합니다. 주님이 아닌 한 주인을 섬기고 싶어 하기도 하고, 주인 없이 살고 싶어 하기도 하고, 몇 명의 주인을 섬기고 싶어 하기도 합니다. 이런 시도들을 더욱 많이 할수록, 그들의 나중은 처음보다 더욱 악화됩니다.

첫 번째의 예에서, 이방인들은 두 마음을 품고 있습니다. 그들이 두 마음을 품고 있는 동안, 그들은 어떤 비난을 초래하는 것처럼 보이지 않고, 한 분이신 주님을 선택할 수 있는 것처럼 보이고, 염려하지 않는 것처럼 보이고, 두 마음을 품고 있는 그들의 존재는 심각한 심사숙고[reflection]의 문제처럼 보입니다. 아마도 어떤 사람들은 사람이 무언가를 더 오래 심사숙고할수록, 그의 최후의 결심은 더욱 심각해질 것이라고 생각합니다. 그 일이 일어날 수 있다면이야 그럴 수도 있습니다. 그리고 오랜 동안 생각할 필요가 없는 한 가지가 있다는 것을 잊지 말아야 합니다.

사소한 것의 경우, 오랜 기간의 심사숙고는 의심할 만한 징후일 것입니다. 삶이 그런 많은 사소한 것들을 포함하고 있는 반면, 사소한 것들에 대해 생각해야 할 더 긴 시간을 필요로 할수록, 이것과 관련해 훨씬 더욱 의심스러운 무언가 있습니다. 다시 말해, 하나님이 존재한다는 것, 혹은 하나님을 선택해야만 한다는 것은 더욱 의심스럽습니다.

지속된 심사숙고protracted reflection는 사소한 것들과는 아무런 관련이 없습니다. 또한 고귀한 하나님의 존재에 대한 오랜 심사숙고나 생각과도 아무런 관련이 없습니다. 이 경우 지속된 심사숙고는 진지한 것과는 아무런 관련이 없기 때문에, 이것은 진지함이 부족한 확실한 증거이며, 자신이 두 마음을 품었다는 것을 보여줌으로써 이를 증명한 것입니다. 지속된 심사숙고는 우리가 하나님을 생각함으로써 하나님과 더욱 가까워지는 경우와는 아무런 관련이 없기 때문에, 우리가 더 오래 심사숙고하고 결정을 연기할수록, 우리는 반대로 하나님과 더욱 멀어집니다.

하나님을 선택하는 것은 확실히 우리가 결정을 내릴 수 있는 가장 결정적인, 최고의 선택입니다. 그러나 아, 이 선택에 대해 오래 생각할 필요가 있는 사람들이여! 더 오랜 시간을 필요로 할수록, 그들에게 화가 있을지라! 믿음은 너무 신속하고 무한히 긴급하기 때문에 다른 아무것도 듣고 싶어 하지 않기 때문입니다. 믿음은 선택을 위한 결정에 가장 가까이 있을 뿐만 아니라, 선택을 위한 최선의 준비입니다.

하나님을 선택할 것인지 다른 주인을 선택할 것인지에 대한 것으로 쟁점을 삼는 경건치 않는 생각들로 죄를 짓는 자들은, 확실히 자신들이 두 마음을 품고 있었다는 것을 발견하게 될 것입니다. 그리고 그 정도로 그들은 이 상태로부터 벗어나지 못할 것입니다. 놀랍습니다. 우리가 가난한 사람들에 대해 그들이 정상으로 되돌아오기에는 힘들다고 말하는 반면, 생각이 너무 많아 두 마음을 품은 자들은 정상으로 되돌아오기에는 훨씬 더 힘듭니다.

하나님은 당신이 잡화점에서 살 수 있는 물건과 같지 않습니다. 혹은 하나님은 당신이 지식과 전망을 활용하여 시험할 수 있는 물품도 아닙니다. 그런 물품들은 구매할 만한 가치가 있는지 확인하기 위해 평가하고 측정할 수 있는 시간을 들여야 합니다. 두 마음을 품은 자들이 (의심으로 시작하기 원함으로써) 하나님과의 관계를 시작하기 바라는 경건치 않은 고요는 명백히 반역의 징후입니다. 그런 접근은 하나님을 폐위시키고, 그 결과 하나님은 더 이상 '주님'이 아닙니다. 이런 일들이 벌어진다면, 그것은 이미 다른 주인이 선택되었다는 것을 의미합니다. 즉, 그는 자기 자신의 창조자author가 되었던 것입니다. 그러나 그렇게 됨으로써 그는 두 마음을 품은 노예가 되고 맙니다.

충분히 오랫동안 두 마음을 품게 되면, "변덕"Vankelmodigheden, 눅12:29[26]이 지휘권을 잡게 됩니다. 아마도 변덕은 두 마음을 품은 자의 상태가 선택과 선택의 가능성을 위해 필요한 긴장을 담고 있는 것처럼 보입니다. 이제 그 긴장은 다 소진되었고(거기에 존재했다면) 이방인의 영혼은 축 늘어졌습니다. 우유부단의 기간이 숨겨졌다는 것은 분명합니다.

두 마음을 품은 동안 생각을 잘 관리하기 위해 어떤 능력이 필요합니다. 사람은 마음을 결정하기 위해 노력하는 동안, 자신의 생각을 조직함으로써 집주인이 되려고 노력합니다. 그러나 이제 순간의 충동impulse을 제외하고 어떤 주인도 알지 못하는 생각이 공식적인 지휘권을 획득하게 됩니다. 하나님을 선택하는 질문과 관련하여서도, 충동이 주인이 됩니다.

한 순간에, 충동은 이방인을 감동시켜 하나님을 선택하는 것이 최선이라고 생각하게 합니다. 그러나 다른 순간에 충동은 다른 무언가로 바뀌고 그때 다시 어떤 제 삼의 것이 됩니다. 이런 운동은 아무것도 의미하지 않는 바, 어떤 의미도 획득하지 못하며, 어떤 흔적도 남기지 못합니다. 이런 운동은 그의 무기력과 태만을 증가시킬 뿐입니다.

고여 있는 물이 있는 느슨한 연못을 상상해보십시오. 그곳에는 거품이 느리게 표면 위로 올라오고 있고 공허하게 터지고 있다. 이것은 변덕이 심한 마음이 충동으로 인해 거품이 일어나는 방식이며, 그때 같은 일이 반복됩니다.

그래서 변덕이 충분히 오래 지속될 때(모든 경건치 않은 통치자들이 했던 것처럼, 이것은 당연히 피를 흘리게 하고 무기력하게 합니다), 절망disconsolateness이 지휘권을 물려받습니다. 이방인들이 미리 하나님에 대한 생각을 제거하기 원하는 곳에서, 그들은 지금 세상적인 공허함에 침몰하기 원하며 가장 위험한 것이 무엇인지 잊기를 바랍니다. 왜냐하면 모든 생각들 중에서 가장 높이 고양된 생각은 하나님에 대한 기억이기 때문입니다. 그것은 **하나님 앞에 존재하는 것**이기 때문입니다.

사람이 침몰하기를 **원할 때,** 그를 일으켜 세우기 원하는 것보다 더 위험한 것은 무엇일까요? 그는 자신의 고통을 치유했다고 생각합니다. 그는 모든 상상의 생각을 쫓아냈다고 생각합니다. 그리고 위로를 찾는 법을 배웠다고 생각합니다. 아! 그러나 상황은 이렇습니다. 이는 낮게 침몰했던 자가 스스로를 달래며 더 높은 것을 그에게 생각나게 해주었던 자에게 "나를 이대로 내버려 두시오."라고 말할 때와 흡사합니다. (오, 이 위로 없는 공포여!)

영spirit의 빛은 소멸해 버립니다. 최면의 안개가 시야를 흐리게 합니다. 관심을 둘 만한 가치가 있는 것은 아무것도 없습니다. 그럼에도 불구하고 그런 사람은 죽기를 원하는 것이 아니라 있는 그대로 살고 싶어 합니다. 이런 식으로 서서히 소멸되어 가는 것은 끔찍합니다. 이것은 죽음에서 경험할 수 있는 소멸dissolution보다 더 심각합니다. 이것은 사는 동안 썩어 없어지는 것입니다. 이것은 자기 자신에 대하여, 자신의 상태에 대하여 절망할 힘조차 없는 상태입니다.

영의 빛은 소멸해 버립니다. 그런 절망하는 사람들은 어떤 것도 그들에게 하나님을 상기시켜 주지 못하는 반면, 광적으로 온갖 종류의 일들에 매달려 분주합니다. 그들은 아침부터 밤까지 노예처럼 일합니다. 돈을 벌고, 저

축하고, 일을 계속 진행시킵니다. 당신이 그들에게 말을 건
다면, 그들은 변함없이 이것이 삶의 심각한 사업이라고 말
하는 것을 듣게 될 것입니다. 오, 이 놀라운 심각성이여! 차
라리 미쳐버리는 것이 더 나을 것입니다.

위로 없이 존재한다는 것^{disconsolateness}은 어떤 것인가
요? 고통 속에 있는 사람의 가장 사나운 비명소리도, 절망
의 뻔뻔스러움도, 그것이 아무리 끔찍하다 해도, 위로 없
이 존재하는 것이 아닙니다. 그러나 모든 더 고차원적인
가능성이 상실되었던 사람들의 치명적인 고요 속에서 자
기 일관성^{self-consistency}과 마주하게 됩니다. 그들은 계속해
서 살아 갈 수 있는 상태로 남아 있는 반면, 어떤 사람도
그들에게 더 고차원적인 가능성을 상기시켜주지 않습니
다. 이것이 위로 없이 존재하는 것입니다.

슬퍼하는 것은 절망하는 것이 아닙니다. 그러나 무언
가를 위해 슬퍼하는 것을 완전히 포기하는 것은 절망입니
다. 손실에 완전히 무관심한 것, 그래서 하나님 없이는 삶
이 조금도 견딜 수 없다는 것을 발견하지 못하는 것, 그런
방식으로 하나님을 상실할 수 있는 것, 이것은 위로 없이
존재하는 것입니다. 그리고 이것은 가장 끔찍한 불순종입
니다. 이것은 또한 반항의 어떤 행위보다 더욱 끔찍합니다.

아! 그러나 하나님을 미워하는 것도, 심지어 하나님을 저주하는 것도 이런 방식으로 그분을 상실하는 것만큼이나 끔찍하지 않습니다. 이것은 이런 방식으로 자기를 상실하는 것과도 같은 얘기입니다.

사소한 무언가를 상실하고 그것을 다시 찾기 위해 신경쓰지 않는 것은 적법할 수 있습니다. 그러나 자기self를 상실하고도, 하나님을 상실하고도, 그것을 다시 줍기 위해 애써 허리를 굽히지 않는 것, 혹은 상실했다는 것을 알아차리는 데 완전히 실패하는 것, 그것은 얼마나 끔찍한 손실인가요!

전자의 상실과 후자의 상실 사이에 무한한 차이가 존재한다고 말하는 것은 적절치 않습니다. 그러나 각 경우에 그것을 상실한 **방식**에는 무한한 차이가 존재합니다. 상실된 자, 그를 다시 데려오기 위해 회개가 즉각적으로 그에게 돌격하는 방식으로 하나님을 상실하는 것, 혹은 하나님께 실족하고, 그분께 반역하고, 그분을 한탄하는 방식으로 하나님을 상실하는 것. 혹은 절망하는 방식으로 하나님을 상실하는 것, 그러나 하나님이 아무것도 아닌 자 nothing처럼 그분을 상실하는 것, 그분을 상실하는 것이 아무것도 아닌 것처럼 그분을 상실하는 것, 이것은 무한히 다릅니다!

우리가 새에 대해 생각함으로 결론을 지읍시다.

새는 복음 속에 현존했고 당연히 그 구절 속에 현존해
야 합니다. 새는 스스로 하고 싶은 것을 한 것인지 의심할
여지가 있는 방식으로 하나님께 순종합니다. 그리스도인
은 하나님께 순종하는 것과 동일한 방식으로 자기를 부인
합니다. 그러나 이방인들은 하나님께 순종하지 않고 있다
는 것을 명백히 하는 방식으로 자기들이 하고 싶은 대로
합니다.

새는 항복할 **자기의지**self-will가 없습니다. 그리스도인
은 자기의지를 포기합니다. 그러나 이방인은 하나님을 포
기합니다.

새는 하나님을 얻지도 않고 잃지도 않습니다. 그리스
도인은 자신의 전부이신 하나님을 얻습니다. 그러나 이방
인은 하나님이 아무것도 아닌 자처럼 하나님을 상실합니
다.

새는 자신이 알지 못하는 오직 한 주인만을 섬깁니다.

그리스도인은 자신이 사랑하고 있는 한 분, 주님을 섬깁니다. 그러나 이방인은 하나님의 원수인 그 주인을 섬깁니다.

새는 하나님이 부르실 때, 즉시 순종합니다. 그리스도인은 훨씬 더 잘 순종합니다. 그러나 하나님은 이방인들을 부르실 수가 없습니다. 왜냐하면 이방인들은 거기에 부를 만한 사람이 아무도 없는 것처럼 존재하기 때문입니다.

새의 순종은 하나님께 영광을 돌리는 데 봉사합니다. 그리스도인의 더욱 완전한 순종은 훨씬 더 하나님께 영광을 돌리는 데 봉사합니다. 그러나 이방인의 불순종은 하나님께 영광을 돌리지 못합니다. 그들은 버려짐을 당하는 데에만 봉사할 뿐입니다. 마치 그 맛을 잃은 소금처럼 말입니다.[27]

참고 자료

01 마태복음 6:24, "한 사람이 두 주인을 섬기지 못할 것이니 혹 이를 미워하며 저를 사랑하거나 혹 이를 중히 여기며 저를 경히 여김이라. 너희가 하나님과 사람을 겸하여 섬기지 못하느니라." 6:32, "이는 다 이방인이 구하는 것이라. 너희 하늘 아버지께서 이 모든 것이 너희에게 있어야 할 줄을 아시느니라."

02 히브리서 1:14, "모든 천사들은 섬기는 영으로서 구원 받을 상속자들을 위하여 섬기라고 보내심이 아니냐"

03 히브리서 1:7, "또 천사들에 관하여는 그는 그의 천사들을 바람으로, 그의 사역자들을 불꽃으로 삼으시느니라 하셨으되"

04 누가복음 10:38-42을 참고하라.

05 고린도후서 12:9, 이 부분은 사도 바울의 고백을 암시하고 있다. "내 은혜가 네게 족하도다. 이는 내 능력이 약한 데서 온전하여짐이라."

06 신명기 6:5, "너는 마음을 다하고 뜻을 다하고 힘을 다하여 네 하나님 여호와를 사랑하라."

　　마가복음 12:30, "네 마음을 다하고 목숨을 다하고 뜻을 다하여 주 너의 하나님을 사랑하라 하신 것이요."

07 이하의 구절은 다음을 참고하라.

　　한 사람이 두 주인을 섬길 수 없다. 이것은 어떤 것을 선택할지 알지 못하는 변덕이 많고 우유부단한 사람을 의미하는 것이 아니다. 아니, 그의 욕망과 충동에 봉사하기 위해 하나님과 하늘의 관계를 깨부수는 자, 그 역시 두 주인을 섬긴다. 누구도 할 수 없는 것을 섬긴다. 그는 원하든 원치 않든 하나님을 섬겨야 한다. 상황은 둘 중에 하나를 선택하는 그런 단순한 문제가 아니다. 이 상황은 오히려 이런 것이다:

실제로 오직 한 주인을 섬기려면, 선택해야 하는 것은 한 분뿐이다. 그분은 하나님이다. -JP I 952(Pap. VIII1 A 359) n.d., 1847

08 마가복음 12:29, "예수께서 대답하시되, 첫째는 이것이니 이스라엘아 들으라. 주 곧 우리의 하나님은 유일하신 주시라."

09 마태복음 6:24, "한 사람이 두 주인을 섬기지 못할 것이니 혹 이를 미워하고 저를 사랑하거나 혹 이를 중히 여기고 저를 경히 여김이라. 너희가 하나님과 재물을 겸하여 섬기지 못하느니라."

10 이 부분은 의미상으로는 "한 주인"이 되어야 할 것처럼 보인다.

11 영어에서 doubt의 어원이 "둘"이라는 의미다. 이 말은 라틴어에서 dou이다.

12 요한일서 4:8, "사랑하지 아니하는 자는 하나님을 알지 못하나니, 이는 하나님은 사랑이심이라." 16, "하나님이 우리를 사랑하시는 사랑을 우리가 알고 믿었노니 하나님은 사랑이시라. 사랑 안에 거하는 자는 하나님 안에 거하고 하나님도 그의 안에 거하시느니라."

13 골로새서 3:14를 참고하라. "이 모든 것 위에 사랑을 더하라. 이는 온전하게 매는 띠니라."

14 사무엘상 15:22, "사무엘이 이르되, 여호와께서 번제와 다른 제사를 그의 목소리를 청종하는 것을 좋아하심 같이 좋아하시겠나이까 순종이 제사보다 낫고 듣는 것이 숫양의 기름보다 나으니"

15 이삭을 의미한다.

16 창세기 22:1-19를 참고하라. 아브라함이 이삭을 번제로 드린 사건과 관련이 있다.

17 데살로니가전서 5:16-18, "항상 기뻐하라, 쉬지 말고 기도하라, 범사에 감사하라. 이것이 그리스도 예수 안에서 너희를 향하신 하나님의 뜻이니라."

18 요한복음 14:6, "예수께서 이르시되, 내가 곧 길이요 진리요 생명이니 나로 말미암지 않고는 아버지께로 올 자가 없으니라."

19 히브리서 5:8, "그가 아들이시면서도 받으신 고난으로 순종함을

배워서"

20 베드로전서 1:20, "그는 창세 전부터 미리 알린 바 되신 이나 이 말세에 너희를 위하여 나타내신 바 되었으니"

21 누가복음 9:58, "예수께서 이르시되, 여우도 굴이 있고 공중의 새도 집이 있으되 인자는 머리 둘 곳이 없도다 하시고"

22 에베소서 1:4, "곧 창세 전에 그리스도 안에서 우리를 택하사 우리로 사랑 안에서 그 앞에 거룩하고 흠이 없게 하시려고"

빌립보서 2:6-7, "그는 근본 하나님의 본체시나 하나님과 동등됨을 취할 것으로 여기지 아니하시고 오히려 자기를 비워 종의 형체를 가지사 사람들과 같이 되셨고"

23 마태복음 12:25, "예수께서 그들의 생각을 아시고 이르시되, 스스로 분쟁하는 나라마다 황폐하여질 것이고, 스스로 분쟁하는 동네나 집마다 서지 못하리라"

24 마태복음 12:45, "이에 가서 저보다 더 악한 귀신 일곱을 데리고 들어가서 거하니, 그 사람의 나중 형편이 전보다 더욱 심하게 되느니라. 이 악한 세대가 또 이렇게 되리라."

누가복음 11:24-26, "더러운 귀신이 사람에게 나갔을 때에 물 없는 곳으로 다니며 쉬기를 구하되 얻지 못하고 이에 이르되, 내가 나온 집으로 돌아가리라 하고 가서 보니 그 집이 청소되고 수리되었거늘, 이에 가서 저보다 더 악한 귀신 일곱을 데리고 들어가서 거하니 그 사람의 형편이 전보다 더 심하게 되느니라."

25 집회서 2:12, "불행하여라, 비겁한 마음과 게으른 손, 두 길을 걷는 죄인!"

26 19세기 덴마크어 성경에는 이 구절에서 변덕이라는 뜻을 지닌 "Vankelmodigheden"이 사용되었다고 한다.

27 마태복음 5:13, "너희는 세상의 소금이니, 소금이 만일 그 맛을 잃으면 무엇으로 짜게 하리요 후에는 아무 쓸 데 없어 다만 밖에 버려져 사람에게 밟힐 뿐이니라."

🍃 역사적 해설

1. 작품이 완성된 시기

키르케고르의 완성된 많은 작품들 중에서, 1848년에 출판된 작품은 『기독교 강화』(Christian Discourses)와 『위기와 여배우의 삶에서의 한 위기』(The Crisis and a Crisis in the Life of an Actress)뿐입니다. 키르케고르는 1845년 『결론의 비학문적 후서』(Concluding Unscientific Postscript)와 함께 저술을 끝내려 한 것처럼, 이 작품들과 함께 저술 작업을 끝내려 했습니다. 하지만 그럴 수 없었습니다.

1847년 초기 8개월 동안, 그는 『사랑의 역사』(Works of Love)를 저술하는 데 열중하고 있었습니다. 그해 8월 17일 이 원고를 인쇄소에 보냈고, 이 책은 1847년 9월 29일 출판되었습니다. 1847년 6월 초에는 『기독교 강화』 2부의 개요를 작성했고, 4부의 골격은 8월과 9월의 일기에 등장합니다. 그 후, 다양한 부분이 실질적으로 빠르게 완성되었습니다. 1847년 10월 말 4부를 완성했고, 11월에는 2부를, 1848년 새해에는 1부를, 1월과 2월에 3부를 완성했습니다. 동시에 『기독교의 훈련』(Practice in Christianity)을 저술하고 있었습니다.

키르케고르는 처음 저술했던 시기부터 가명의 작품과 자신의 이름으로 낸 강화를 출판했습니다. 예를 들어, 첫 작품이었던 『이것이냐 저것이냐』(Either/Or)가 출판된 후, 몇 주가 지나면서 그는 자신의 이름으로 낸 『두 개의 건덕적 강화』(Two Upbuilding Discourses)를 출판했습니다. 이와 같은 일련의 작품은 『결론의 비학문적 후서』를 출판하기 이전까지 계속 되었습니다. 하지만 『결론의 비학문적 후서』를 출판한 후, 키르케고르는 강화만을 썼습니다. 『다양한 정신의 건덕적 강화』(Upbuilding Discourses in Various Spirit), 『사랑의 역사』, 『기독교 강화』가 그것입니다. 역자는 앞으로 이 강화들을 순차적으로 번역하여 소개할 예정입니다.

이번에 번역하여 출간하게 된 『이방인의 염려』는 『기독교 강화』의 전체 4부의 글 중에 첫 번째 해당되는 작품입니다. 전체 4부의 글의 순서는 작품을 구성하려 했던 의

도와 시간 순으로 일치합니다. 4부와 2부가 먼저 완성되었는데, 이 작품은 역경과 고난 중에 그리스도인의 삶의 축복과 기쁨에 대한 확신입니다. 1부와 3부는 비판적인 어조로 구성되어 있습니다. 이 중에서 3부의 작품이 더 비판적입니다. 처음에는 이 원고를 『기독교 강화』에 넣으려는 의도가 없었으나, 마지막에 포함된 것입니다.

3부의 비판적인 특징은 초기 부제인 "기독교의 공격"이라는 말에 집약되어 있습니다. 이런 비판적인 특징으로 인해, 키르케고르는 3부를 『기독교 강화』에 포함시키는 것에 대해 약간의 불안감이 있었습니다. 그러나 나중에 대조되는 3부와 4부를 '성전을 정화하는 의식'으로 간주했고, 모든 예배 중에 가장 조용하고 친밀한 예배로 생각했습니다. 곧, 금요일의 성찬의식이었습니다.

2. 기독교 강화

"기독교 강화"라는 말이 처음 등장한 곳은 『다양한 정신의 건덕적 강화』 제3부 "고난의 복음"의 부제였습니다. 이미 언급했다시피, 키르케고르는 처음 저술을 시작한 때로부터, 가명의 사상서와 자신의 이름으로 낸 강화를 병행하여 출판했습니다. 1843년과 1844년에 완성한 초기 건덕적 강화는 가명의 저자 요하네스 클리마쿠스Johannes Climacus에 의하면, 종교성 A에 해당하는 작품이었습니다. 쉽게 설명하자면, 종교성 A는 내재적인 범주로서, 윤리적이면서도 종교적인 강화라 보면 됩니다. 하지만 『다양한 정신의 건덕적 강화』에 실린 3부의 글은 각각 심미적으로, 윤리적으로, 종교적으로 관련이 있습니다.

이 작품 중에서 3부의 강화인 "고난의 복음"의 부제가 "기독교 강화"였고, 이 이름이 여기에서 처음으로 사용되었습니다. 이것은 이 책이 출판된지 몇 개월 후, 1847년 8월에 쓴 일기의 내용과 일치합니다.

"이제부터 초점을 특별히 기독교적인 것에 집중해야 한다."

"강화의 형태에서의 몇 가지 기독교적 성찰"이라는 『사랑의 역사』(1847년 9월 29일 출판)의 부제 역시 동일한 것을 반영하고 있습니다. 그리고 그 다음에 출판된 작품이 『기독교 강화』입니다. 지금까지 살펴본 것처럼, 키르케고르는 전기보다는 후기로 갈수록 더욱 기독교적인 작품에 몰두하고 있었습니다.

강화discourse라는 용어 역시 그가 자주 사용하는 표현 중의 하나입니다. 그는 설교보다 강화라는 용어를 주로 사용했습니다. 설교는 권위를 전제하고 있고 의심을 다루지 않기 때문입니다. 하지만 기독교 강화는 어느 정도 의심을 다룹니다. 키르케고르는 설교에서 의심을 다룬다면, 그것이 아무리 잘 다루어진다 하더라도 이단과 조금도 다르지 않다고 말합니다.

3. 마르크스와 키르케고르

마르크스의 "공산당 선언"과 키르케고르의 "기독교 강화" 두 작품 모두, 역사적으로 운명적인 해였던 1848년에 출판되었습니다. 1848년은 이 두 저자가 자신의 작품을 저술하는 데에 믿을 수 없을 만큼 바쁜 해였습니다.

공산주의 동맹의 두 번째 회의가 런던에서 1847년 11월 29일부터 12월 8일까지 있었습니다. 이 회의에서 마르크스(여기에서 엥겔스는 빠짐)를 선언을 준비하는 자로 위임했습니다. 1848년 1월 26일 중앙 위원회는 마르크스에게 조금도 지체 없이 이를 끝낼 것을 요구했습니다. 아마도 같은 해 2월 1일 경에 원고가 런던에 도착했고, 공산당 선언의 초판이 2월 14일에서 18일 사이에 인쇄되었습니다.

1848년 2월 24일 파리의 프롤레타리아들이 프랑스의 마지막 왕이었던 루이 필립의 브루주아 군주제를 전복시켰습니다. 파리의 이런 사건에 동력을 얻어, 언론의 자유, 배심재판, 독일 전 지역의 헌법 선언, 의회의 소집을 포함하여 자유주의적인 개혁에 대한 요구는 유럽 전역에 널리 퍼져갔습니다.

3월 초 자유주의를 표방한 정권이 독일에 들어섰고 3월 중순경 비엔나에서의 가두데모로 인해, 오스트리아를 통치했고, 워털루 이후 유럽에서 가장 영향력이 있었던 정치가였던 메테르니히가 물러났습니다. 그는 왕정복고의 중심인물이었습니다. 헝가리, 크로아티아, 베네치아 그리고 롬바르디아 등의 소요사태로 인해 오스트리아는 더욱 약해졌습니다.

이런 상황 속에서도, 프로이센와 러시아는 반동적인 보루로 남아 있었습니다. 베를린에서 3월초 약 한 주 이상의 유혈사태 후, 프리드리히 빌헬름 4세는 군대를 퇴각시켰고, 프로이센이 독일의 통일과 국가의 현대화를 이끌 것임을 알렸습니다. 파리에서, 그리고 공산주의 동맹의 수장인 마르크스와 중앙 위원회는 "공산당 선언"의 원칙을 독일의 상황에 맞게 수정했고, 자유주의적이고 민주적 기준을 요구했습니다.

정치권력도 없고, 조직화된 군대의 지원도 없었고, 충분한 자금도 없는 데다, 언제나 프리드리히 빌헬름 4세의 압력 가운데 있었기 때문에, 공산당 연맹은 흩어질 수밖에 없었습니다. 마르크스는 쾰른으로 갔습니다. 6월 그곳에서 그와 엥겔스는 신문사 Neue Rheinische Zeitung을 설립합니다. 이 신문사는 1849년 5월 1일까지 지속되었습니다. 그들은 이 신문을 통해 독일 정치에 대한 자유주의적이고 민주적 비판(사회주의자가 아님)을 가합니다.

민주주의자들과 자유주의자들은 프랑크푸르트 의회에서 군사적으로 위협했으나 재정적인 바탕이 없었습니다. 결국 그들의 계획은 수포로 돌아가고 말았습니다. 프리드리히 빌헬름 4세는 재집권을 하게 되었고 1849년 5월에 있었던 소요사태를 쉽게 진압했습니다. 마르크스는 쾰른에서 파리로 갔고 1849년 8월 6일 다시 런던으로 돌아옵니다. 그곳에서 1883년에 죽을 때까지 살았습니다. 공산주의 혁명은 역사였습니다. (후에 "마르크스주의"가 일어났던 일은 다른 이야기입니다.)

4. 덴마크

한편, 덴마크에서는 1848년에 덴마크식의 혁명이 있었습니다. 그러나 다행히도 어떤 유혈사태도, 어떤 반동적 복수에 의한 파괴도 없었습니다. 도시의 교양 있는 엘리트층과 신흥 부르주아 계급은 헌법을 요구했고 왕은 이를 승인했습니다. 그것으로 끝이었습니다! 세 가지 요소가 절대 군주에서 현대적 자유주의 국가로 바뀌는 데에 크게 기여했습니다.

첫째, 프랑스, 독일, 영국과 같은 더 산업화된 나라에서 있었던 격렬한 투쟁에서 덴마크가 고립되었고, 석탄과 철도 부족했습니다. 이 두 요소가 덴마크의 느리고 더딘 발전에 기여했습니다. 둘째, 많은 세월이 지나면서 절대 군주는 이미 합리적인 사람들로 구성되어 있는 관료제로 발전하게 되었습니다. 셋째, 바이킹 시대를 지나면서 생존했던 강한 지역 정부의 전통 가운데 정치적 경험이 풍부한 눈에 보이지 않는 자원이 풍부했습니다. 새로운 조직이 통치했고, 땅이 없는 농민을 제외하고 모든 계급들의 고충을 알렸습니다. 하지만 슐레스비히-홀슈타인schleswig-Holstein에 대한 어려움은 프러시아와 전쟁을 했던 새로운 민주 정부와 관련이 있었습니다. 결국 홀슈타인과 슐레스비히의 남쪽 일부 지역을 이 전쟁에서 상실했습니다.

정치혁명은 비폭력적이었습니다. 혁명이나 통치 계급의 경제적 토대에 대한 공격이라기보다 진화에 가까웠습니다. 혁명은 종교적이고 도덕적 유산에 대한 공격도 아니었고, 계급구조에 대한 공격도 아니었습니다. 땅이 없는 시골 소농들에게는 해야 할 일이 있었음에도 불구하고 그랬습니다. 조직화된 프롤레타리아가 나타났을 때, 민주적이고, 입헌적이고, 관료제적인 구조는 이미 고충을 전달하기 위해 준비되어 있었습니다.

이런 정치적 소용돌이 가운데에 유틀란트에서 키르케고르는 『기독교 강화』를 집필했습니다. 프로이센의 군사적 도발이 있었고, 변화하고 있는 도시와 농촌의 경제와 계급구조의 소용돌이, 새롭게 등장하는 현대적 민주주의가 있었습니다.

『기독교 강화』는 1848년 4월 26일에 출간되었는데, 키르케고르는 앞에서 언급했던 문제들에 대해 정면으로 공격한 것이 아니고 종교적 작가로서 그의 직업에 몰두하고 있었습니다. 그는 도시 계급들의 사회적, 도덕적, 종교적 가정assumption들을 조사했습니다. 개념의 혼동, 불신앙, 그리고 자기 정당화의 가식을 밝히려 했습니다.

그는 종교적 억측을 거부했고, "문화는 본질적으로 기독교적이다."라는 주장을 하지 않았고 보편적인 변명을 거부했습니다. 『기독교 강화』는 평화의 상징인 동시에 기독교 국가에 대한 심판이었습니다. 이 책이 일반 대중 독자들에게 무시되었을 때, 더욱 중요하게, 종교 지도자들에게 무시되었을 때, 『죽음에 이르는 병』(The Sickness unto Death)과 『기독교의 훈련』이 그 뒤를 이었습니다. 『죽음에 이르는 병』은 1848년 3월에서 5월 사이에 저술되었고, 1849년 6월 30일에 출판되었습니다. 『기독교의 훈련』은 1848년에 시작하여 1850년 9월 17을 출판되었습니다. 둘 다 안티 클리마쿠스가 저자입니다. 이 두 작품 모두 그 시대와 그 시대의 종교적 가식에 대한 통렬한 비판을 담고 있습니다.